文化自信与传统文化传承研究

李昊远　著

中国原子能出版社

图书在版编目（CIP）数据

文化自信与传统文化传承研究 / 李昊远著. --北京：
中国原子能出版社，2023.11

ISBN 978-7-5221-3179-5

Ⅰ. ①文… Ⅱ. ①李… Ⅲ. ①中华文化–研究 Ⅳ.
①K203

中国国家版本馆 CIP 数据核字（2023）第 253634 号

文化自信与传统文化传承研究

出版发行	中国原子能出版社（北京市海淀区阜成路 43 号 100048）
责任编辑	杨 青
责任校对	冯莲凤
责任印制	赵 明
印 刷	北京天恒嘉业印刷有限公司
经 销	全国新华书店
开 本	787 mm×1092 mm 1/16
印 张	14
字 数	220 千字
版 次	2023 年 11 月第 1 版 2023 年 11 月第 1 次印刷
书 号	ISBN 978-7-5221-3179-5 定 价 76.00 元

发行电话：010-68452845

前　言

　　一个民族的复兴，离不开文化的繁荣；一个国家的强盛，离不开文化的支撑。新时代，坚持和发展中国特色社会主义，实现中华民族伟大复兴的中国梦，一定要有高度的文化自觉和文化自信。

　　中华优秀传统文化蕴含的基本精神、颂扬的民族气节、推崇的优良道德，是我们民族精神的重要组成部分。中华优秀传统文化展示的哲学成就、史学辉煌、美学魅力、伦理境界、文学硕果、艺术宝藏、科技成就及文物古迹，是我们民族的辉煌，也是我们今天继续奋进的基础。中华优秀传统文化孕育出的政治家、思想家、文艺家、科学家、军事家，是我们民族引为骄傲的优秀代表。中华优秀传统文化对亚洲、欧洲乃至世界文明发展进程的影响和推动，是我们民族对世界、对人类的伟大贡献。

　　文化自信是一个政党、一个国家、一个民族对自身理想、价值等发自内心的敬畏和尊崇，以及由此产生的积极向上的心理状态。增强文化自信，是实现中华民族伟大复兴的保障。培育和增强文化自信，必须立足于中华优秀传统文化。无论从内容特质、时代价值，还是国际影响方面，中华优秀传统文化都彰显了其独特的魅力，是我们增强文化自信的基石。

　　本书首先介绍了文化自信的内涵和本质特征，从文化自信的时代要求、基础地位、现实功能与价值引领等方面阐述了增强文化自信的重要性和意义，其次对中华优秀传统义化与文化自信的关系进行了辨析，明确了坚定文化自信的传统文化根由，通过探索文化自信视域下优秀传统文化的传承路径，以期为实现中华民族的伟大复兴贡献一份力量。

本书在撰写过程中，得到了诸多专家、学者的帮助，在这里表示衷心的感谢。由于笔者水平有限，书稿虽然经过反复修改，但仍难免会存在疏漏之处，恳请广大读者批评、指正。

目　　录

第一章　文化自信的理论内涵与本质特征 ·················· 1

　第一节　中华文化自信的基础：资源、价值与独特标识 ············ 1

　第二节　文化自信创新发展马克思主义文化理论 ············ 12

　第三节　文化自信丰富和发展了党的建设理论 ············ 19

　第四节　文化自信凸显中国特色社会主义的文化本质 ·········· 25

第二章　文化自信的时代要求 ·················· 31

　第一节　文化发展：历时与共时的双重关切 ·········· 32

　第二节　文化自信：更基本、更深沉、更持久的力量 ············ 37

　第三节　文化自信：未来何所为 ·········· 43

第三章　文化自信的基础地位 ·················· 55

　第一节　文化自信是道路自信的深层价值根基 ·········· 56

　第二节　文化自信是理论自信的内在力量源泉 ·········· 63

　第三节　文化自信是制度自信的核心文化要素 ·········· 75

第四章　文化自信的现实功能与价值引领 ············ 89

　第一节　文化自信的现实功能 ·············· 90

第二节　文化自信是应对文化冲突的理性支撑 …………… 98

第三节　文化自信是提升文化软实力的不竭动力 ………… 103

第四节　文化自信是社会主义事业的坚定基石 …………… 109

第五节　文化自信领航"两个一百年"奋斗目标 ………… 115

第五章　中华优秀传统文化理论 ………………………… 121

第一节　中华优秀传统文化释义 …………………………… 121

第二节　中华优秀传统文化的影响力 ……………………… 132

第三节　文化、传统文化和中华优秀传统文化的关系 …… 136

第四节　如何传承中华优秀传统文化 ……………………… 140

第六章　中华优秀传统文化的发展现状及分析 ………… 144

第一节　中华优秀传统文化的发展概况 …………………… 144

第二节　从理性的视角看中华优秀传统文化 ……………… 170

第七章　中华优秀传统文化与文化自信的关系辩析 …… 175

第一节　中华优秀传统文化是文化自信的基石 …………… 175

第二节　中华优秀传统文化的内容特质与文化自信 ……… 177

第三节　中华优秀传统文化的时代价值与文化自信 ……… 179

第四节　中华优秀传统文化的国际影响与文化自信 ……… 182

第八章　坚定文化自信的传统文化根由论 ……………… 187

第一节　兼容并蓄铸就中华优秀传统文化历久弥新的生命力 …… 187

第二节　鲜明的主体性造就中华优秀传统文化强大的整合力 …… 190

第三节　优秀传统文化形成了中华民族精神家园的思想共源 …… 192

第四节　优秀传统文化的现代价值为解决国内、国际矛盾

　　　　提供借鉴 ……………………………………………… 194

第九章　文化自信视域下中华优秀传统文化传承路径探析 …… 197

第一节　概念锁定传统文化地位，内涵划定传统文化圆周 ………… 197

第二节　面对传统文化现代化危机，树立传统文化塑造性意识 …… 200

第三节　四维度建构传承网络，三立足夯实传承基石 …………… 203

参考文献 ………………………………………………………… 214

第一章
文化自信的理论内涵与本质特征

　　文化自信，离不开丰厚的文化资源支撑。坚定文化自信，就是要始终从中国的实际国情出发，突出"文化的人"概念，强调文化的民族性与时代性的统一，重视文化产业对文化社会功能的发挥。新时代的文化自信理论，从重视意识形态工作、制度文化建设、廉政文化建设三个方面丰富和发展了党的建设理论。文化自信理论坚持马克思主义的指导、坚持民族本位的文化立场、坚持以人民为中心的导向、坚持弘扬社会主义核心价值观，凸显了中国特色社会主义文化的本质。文化自信的实践最终是要发展新时代具有中国特色的社会主义先进文化，用兼具民族性和时代特征的先进文化推动社会主义经济建设、文明进步；用先进文化满足人民日益增长的精神文化需要，发挥价值引领、梦想激励的功能；用先进文化彰显中国精神、中国气派，发挥世界影响力。

第一节　中华文化自信的基础：
资源、价值与独特标识

　　在 5 000 多年文明发展中孕育的中华优秀传统文化，在党和人民伟大斗争中孕育的革命文化和社会主义先进文化，积淀着中华民族最深层的精神追求，代表着中华民族独特的精神标识。中华优秀传统文化、红色革命文化和社会主义先进文化，是中华民族在不同历史时期所创造的典型文化形态，体现着中国智慧和中国特质，是我们文化自信的宝贵资源，也承载着中华民族的民族精神和价值追求，成为中华民族独特的精神标识。

一、中华文化自信的宝贵资源

（一）作为文化自信之根的中华优秀传统文化

中国传统文化历史悠久，冯友兰在其两卷本《中国哲学史》中，将中国传统的思想文化以董仲舒"罢黜百家，独尊儒术"的实现为界，划分为"子学时代"和"经学时代"，这一划分的依据是封建社会大一统的意识形态的确立，融合了墨、道、法、阴阳各家的儒家学说。具体来看，传统文化在思想学术方面表现出特色鲜明的时代特征：先秦诸子百家、秦汉黄老之学、两汉经学、魏晋玄学和佛教学派、隋唐宗派佛学、宋明理学、清代朴学，自董仲舒之后，先秦儒家学说经过后世儒者的继承和发展，成为传统社会中的主流意识形态，对维护大一统的政治局面、对个人的道德修养、对改善社会的治理和维护社会的和谐，起到了非常积极的作用。儒家思想在当代社会有巨大的价值，孔子创立的儒家学说及在此基础上发展起来的儒家思想，对中华文明产生了深刻影响，是中国传统文化的重要组成部分。儒家思想同中华民族形成和发展过程中所产生的其他思想文化一道，记载了中华民族自古以来在建设家园的奋斗中开展的精神活动、进行的理性思维、创造的文化成果，反映了中华民族的精神追求，是中华民族生生不息、发展壮大的重要滋养。中华文明不仅对中国发展产生了深刻影响，而且对人类文明进步作出了重大贡献。

具体而言，儒家思想在基本价值观上始终关注现实人生和社会，表现出一种理性主义的精神。孔子主张"未知生，焉知死"并且不语"怪力乱神"，表明儒家思想自孔子开始，就将眼光放在现实的人生方面，既以现实的社会人生为研究对象，又以改善现实的社会人生为归宿。现实社会人生的价值取向，使得儒家特别关注两个向度：一个是个人的伦理道德修养，即"修身"；另一个是天下太平的理想，即"治世"。这两个向度基本上囊括了儒家的学术宗旨。在此基础上，儒家又发展出一套个人道德修养的具体方法和社会伦理道德规范，虽然在传统社会中儒家思想所维护的是统治阶级专制统治和意识形态，但是儒家所提出的修身和治世的具体方法在当今社会仍然具有启示意义。具体而言，"自省""慎独""乐天知命""变化气质"等修养方法有助于涵养个体的道德人格，"富之、安之、教之""礼教""乐教"等治世方法有助于维护社会的和谐安定。在儒家思想体系中，还提出了许多具有现代价值的思想，如"自强不息、厚德载物"的理念、"制天命而用之"的能动改造自然的思想、"民胞物与"中天人和谐的观念、天下为公的"大同社会"理想等。这些思想和理念可以为人们认识和改造世界提供有益启迪，可以为治国理政提供有益启示，也可以为道德建设提供有益启发。对传统文化中适合调理社会关系和鼓励人们向善的内容，我们要结合时代条件加以继承和发扬，赋予其新的内函。除了儒家思想，道家恬淡寡欲的生活追求、"我命在我不在天"的积极人生态度、天地人"三合相通"的治国思想，佛教中"众生平等"的平等观念和"慈悲为怀"的道德品格等，都可赋予新的内涵，发挥其在当代社会的特有价值。

中华优秀传统文化不仅塑造着中华民族的精神、推动着中华文明的发展，也对世界文明的发展产生过积极的作用。中国古代的"四大发明"对世界文明的推动作用众所周知，马克思曾对中国的三大发明作出过高度评价："火药、指南针、印刷术——这是预告资产阶级社会到来的三大发明，火药把骑士阶层炸得粉碎，指南针打开了世界市场并建立了殖民地，而印刷术则变成新教的工具，总的来说变成科学复兴的手段，变成对精神发展创造必要前提的最强大的杠杆。"明清以来，许多来华的耶稣会士带着传教的使命来到中国，为了更好地了解中华民族的信仰和风俗等状况，他们也将中国的传统学术如儒家、道家的经典译介到西方，16 世纪以来东西方文化的交流，是近代世界文明史上的大事。朱谦之对中国物质和精神文明给西方社会带来的变革有过概括："13 世纪至 16 世纪中国的重要发明，实予欧洲文艺复兴之物质基础创造了条件。而 16 世纪以来耶稣会士来华传教，其所传播之中国文化，则实予 17、18 世纪欧洲启明运动创造了思想革命的有利条件。"不论 16 世纪之后西方的思想界对中国儒家思想的理解是否恰当，总体上看，西方的思想界将儒家思想视为除古希腊传统理性来源之外的又一理性主义来源，中国的儒家思想对西方近代社会的启蒙乃至资产阶级革命，都起到过理论上的先导作用。在现代社会，儒家思想依然有其强大的生命力和积极意义，儒家所提出的伦理道德观念、以人为本的管理思想、"亲仁善邻"的和平愿望等，对于解决一些全球性问题、防止资本主导的社会中人的异化现象，都有十分重要的作用。

（二）作为文化自信之魂的红色革命文化

红色革命文化，是五四运动以来"中国人民在中国共产党的领导下同西方列强及国内各种反动势力作斗争过程中所创造的文化，它以马克思主义为指导，以争取民族独立和人民解放为主题，是极具中国革命特色的先进文化，其中蕴含着丰富的革命精神和优良的革命传统"。红色文化，作为中国共产党领导广大人民群众在革命实践和建设中所形成的先进文化，从形态上来看，是以革命精神为核心的物质文化、精神文化和制度文化的统一体。物质形态的红色文化主要指红色文化教育及传承红色文化的物质媒介和载体，主要包括有历史价值的博物馆、纪念馆、展览馆、烈士陵园、文献资料等。精神形态的红色文化主要指中国共产党在带领全体人民进行社会主义革命和建设过程中所形成的崇高精神、优良作风、革命传统、革命精神等，包括井冈山精神、长征精神、抗战精神、抗美援朝精神等，这些革命精神是红色文化的内核和核心。制度形态的红色文化主要指党在革命和建设过程中所形成的理论、路线、方针、政策等。红色文化的形成，根源于中国共产党带领中国人民在革命和建设实践中所进行的探索，也离不开马克思主义的指导和对传统文化的创造性转化。

红色革命文化的形成，是将马克思主义与中国革命实践相结合的过程。中国共产党人准确地把握了马克思主义的实践品格，在深刻分析中国国情的基础上，得出了中国是半封建半殖民地社会的论断，在这样的社会条件下，中国革命的任务在于推翻"三座大山"，即帝国主义、封建主义和官僚资本主义的压迫。中国共产党领导人的科学决策，指导中国革命取得了胜利，改变了半殖民地半封建的社会性质，最终建立了社会主义社会。马克思主义对红色革命文化形成的影响，还决定了革命文化的无产阶级性质。无产阶级文化的基本立场，就是作为无产阶级的广大人民群众，因此，革命文化最终的服务对象是无产阶级革命，同时也是无产阶级革命的一部分。

红色革命文化的形成，也是继承和发扬优秀传统文化的过程。中国共产党人在带领中国人民进行革命和建设的过程中，也自觉继承和发扬了优秀的传统文化，比如，"自强不息，厚德载物"的奋斗精神，"天下兴亡，匹夫有责"的担当意识，"杀身成仁，舍生取义"的牺牲精神，"鞠躬尽瘁，死而后已"的奉献精神，"国而忘家，公而忘私"的无私精神，等等。这些优秀传统文化中的精华，在中国人民的革命实践中，铸就了建党精神、井冈山精神、长征精神、延安精神、西柏坡精神等具有时代特征和民族特色的革命文化精神，成为指引中国革命走向胜利的精神财富中的一部分。

红色革命文化对指明中国革命的奋斗方向、制定中国革命的纲领和方针、激励中国共产党人和革命群众等起到了积极的作用。中国共产党在领导中国革命的过程中以马克思主义为指导、结合中国革命实践、继承优秀传统文化而形成的红色革命文化，不仅对于中国新民主主义革命和社会主义革命的成功起到了积极推动作用，同时也是一笔宝贵的精神财富，在社会主义建设事业中具有积极意义。在中国人民抗日战争的壮阔进程中，形成了伟大的抗战精神，中国人民向世界展示了天下兴亡、匹夫有责的爱国情怀，视死如归、宁死不屈的民族气节，不畏强暴、血战到底的英雄气概，百折不挠、坚忍不拔的必胜信念。在今天社会主义建设事业进入新阶段的新时代，传承和弘扬红色革命文化，必然会获得社会主义建设事业不竭的精神动力。

（三）作为文化自信之本的社会主义先进文化

中国特色的社会主义先进文化，"是以马克思主义为指导，以中国改革开放的实际为依据，包括社会主义核心价值观和价值体系等内容，以面向现代化、面向世界、面向未来，民族的、科学的、大众的为特点的社会主义文化"。中国特色的社会主义先进文化，首先是对中华优秀传统文化及红色革命文化的继承和超越。中国特色的社会主义文化，要与传统文化、革命文化有一脉相承的继承性，同时还要具有时代的超越性，是历史性和现实性的统一；要有中国特色、体现中国国情，还要有世界性，是民族性与世界性的统一。

社会主义核心价值观是社会主义先进文化的核心内容。党的十八大从三个层面提出了社会主义核心价值观：从国家层面提出了建设中国特色社会主义的理想和目标——富强、民主、文明、和谐；从社会层面提出了实现社会主义现代化的理念和途径——自由、平等、公正、法制；从个人层面提出了社会主义现代化国家个人的价值追求和品质——爱国、敬业、诚信、友善。一个国家、民族的社会主义核心价值观和价值体系对于社会的发展意义重大，"核心价值观，承载着一个民族、一个国家的精神追求，体现着一个社会评判是非曲直的价值标准。如果一个民族、一个国家没有共同的核心价值观，莫衷一是，行无依归，那这个民族、这个国家就无法前进。"社会主义核心价值观的提出，使中国特色社会主义建设的目标和方向更加清晰，方法和途径更加明确，它不仅增强了中华民族的凝聚力，也提高了中国人民建设中国特色社会主义的信心和底气。从世界范围内看，社会主义核心价值观既是中国特色社会主义的核心内容，又是中国特色社会主义的价值体系，体现了中国特色和中国气魄。建设中国特色的社会主义文化，就是要努力传播当代中国价值观念，努力展示中华文化独特魅力，努力提高国际话语权。

中华优秀传统文化、红色革命文化、社会主义先进文化是文化自信的三大基础，是中华儿女在不同历史时期的智慧结晶。三大文化虽然是不同历史时期的智慧创造，但它们都深深植根于人民之中，同时也为最广大的人民服务。中华优秀传统文化立足于人的修养，旨在提高全体民众的道德水平和素养。红色革命文化立足于人的解放，旨在改变人民受剥削受压迫的地位。社会主义先进文化则立足于人的幸福，旨在满足人民日益增长的物质文化需要，为社会主义现代化建设提供精神动力和智力支持。三大文化的人民向度，使它们成为文化自信基础的灵魂与核心。

二、中华文化自信的价值和独特标识

中国是四大文明古国之一，中华文化起源甚早。在中华文明起源的问题上，曾经有各种形形色色的"西来说"；随着考古学的最新发现和考古学家的努力，形形色色的"西来说"被推翻，新的考古发现说明，中华文明并非由外来文明植入，而是一种自生的文明。中华民族是个古老的民族。在中华民族形成和发展的历史上，既有民族融合时的阵痛，又有外来民族欺凌时的生存危机，但中华民族总是以其顽强的精神和不竭的创造力屹立在世界的东方。文化没有断流过，始终传承下来的只有中国。世界文化在发展过程中，之所以筛选、保存了中国文化，是由中国文化的包容性、融摄性所决定的。这种融摄性体现在两个方面：一是中华民族内部的中原文化和少数民族的文化相互融摄，发展出具有包容性开创性的中华文化；二是中华文化对外来文化的融摄，是将外来文化不断中国化的过程。在几千年的历史流变中，中华民族从来不是一帆风顺的，但中华民族都挺过来、走过来了，其中一个很重要的原因就是世世代代的中华儿女培育和发展了独具特色、博大精深的中华文化。中华文化在曲折发展、兼容并蓄的过程中，发展出了自己的独特价值和独特标识。

（一）天下情怀的博大胸襟

儒家是中国传统社会的主流意识形态，《礼记》提出了"天下为公"的"大同世界"的理想，近代康有为也在《大同书》中提出"人人相亲，人人平等，天下为公"的理想世界。"大同世界"的理想既表现为"大一统"的观念，又表现为"协和万邦"的理念。尽管中国封建社会的历史分分合合，但"大一统"的观念随着儒家主流意识形态的确立逐渐深入人心，中国人民要求和谐与统一的愿望越来越强烈。因此，即使在近代中华民族遭遇了前所未有的民族危机，中国人民依然能够不屈不挠，在中国共产党的带领下进行了艰苦的革命斗争，避免了亡国灭种的危机，也维护了国家主权与领土的完整，并且在社会主义先进文化的指导下努力为全面实现小康社会而奋斗。大一统的观念发展到今天，表现为中国人民强烈的爱国主义精神。"大同世界"的理想运用到国际关系上，就是要使各个国家之间和平相处、互惠互利。中国自古以来就是爱好和平的民族，中国古代的丝绸之路，就是为了促进和少数民族及其他国家的经济、文化交流，中国在明代进行的海上活动，其目的不在于对其他民族和国家的征服，因此，中国的发展，是和平的发展，是以天下太平为目的的发展。今天的中国特色社会主义建设，不仅是为了中华民族的伟大复兴，同时也是为了世界的和平与发展。不论是"一带一路"倡议，还是"人类命运同体"概念的提出，除了强调中国的发展与世界的发展的统一性，更加强调中国的发展对于世界和平与繁荣的重大意义。

（二）经世日用的理性精神

儒学自孔子开始，就非常关注现实世界，对于人类经验之外的世界持"存而不论"的态度，儒学最注重的就是活生生的现实世界，因此，改造现实世界、实现天下太平和天下大治是儒家的理想。对于传统的知识阶层来说，明德修身、经邦济世是最高的追求。自先秦开始，儒家文化就表现出一种理性主义的倾向。在儒释道三家合流的过程中，道教和佛教文化都体现出一种重视世间、重视现实人生的特征。道教所追求的真人、神人、至人，都是在现实世界中可以实现的理想人生，道教同时也非常重视人与自然的和谐，不管是洞天福地说、还是神山仙岛说，在道教看来，人间就可以实现理想的人格。佛教原作为出世的宗教，开始对现实世界持根本否定的态度。在中国化的过程中，佛教也越来越重视现实世界，近代佛教界提出"人间佛教"的概念，强化佛教的入世精神。近代以来，面对半殖民地半封建的社会状况，中国人民在中国共产党的领导下进行了艰苦卓绝的斗争，终于实现了民族的独立，维护了国家的主权。社会主义三大改造之后，党带领全国人民进行了不断的探索，目的就是要将中国建设成为社会主义国家，促进社会的和谐与人的全面发展。不管是构建社会主义和谐社会，还是全面建设小康社会，都表明我们党要建设一个美丽中国、满足人民不断提高的生活需要，这也正是我们的文化重视现实人生和社会的表现。

（三）兼容并蓄的和合精神

中华文化的和合精神表现为强大的包容性，中华文化曾经有"夷夏之防""夷夏之辨"的文化优越主义倾向，这种倾向来自精耕农业基础上产生的农耕文明。从历史发展的角度看，农耕文明确实在很长的历史时期居于领先的地位。文化优越的心态，并未造成中华文化故步自封，中华文化之所以辉煌灿烂，就在于其博大的胸怀和很强的融摄性。中华民族发展的历史，就是一部民族大融合的历史，民族融合的过程中，既有汉民族的"胡化"，也有少数民族的"汉化"，从经济到政治再到文化、习俗各个方面，中华民族逐渐融合成统一的多民族国家。明清时代，由于统治者的闭关锁国，中华民族遭遇了空前的民族危机，但是中华文化的包容性，促使中国人民积极地反思传统、学习西方，最终在中国共产党的领导下找到了马克思主义这一真理，马克思主义和中国具体国情的结合，诞生了毛泽东思想、邓小平理论等指引中国革命和建设的指导思想。在全面建设社会主义现代化国家的今天，又提出了新时代建设中国特色社会主义的思想，这一思想不仅提出要吸收人类社会一切文明成果，还提出了坚持全面开放的政策，体现了新时代中华文化的胸襟和气度。只有不断发掘和利用人类创造的一切优秀思想文化和知识，才能更好地认识世界、认识社会、认识自己，才能更好地开创人类社会的未来。在新的历史时期，要善于融通马克思主义的资源、国外哲学社会科学的资源，坚持不忘本来、吸收外来、面向未来。

（四）与时俱进的革新精神

中华文化之所以历久弥新、充满活力，在于中华文化追求与时俱进、具有自我革新的生命力。中华传统文化强调"天地之大德曰生""生生之谓易"（《周易·系辞》），重视"革故鼎新""与时偕行"，中华文化骨子里就流淌着变革的基因。哲学社会科学代表了一个时代精神的精华，从这个角度看，中华文化在不同历史时期发展出了不同的思想和理论成果。传统社会中，先秦时期是第一个思想解放的时期，出现了诸子百家，其中以儒墨二家为主流。秦汉流行黄老之学，重视立身和治国。两汉"独尊儒术"，经学形成发展。魏晋社会动荡，玄学讨论有无本末，将名教与自然的讨论推向深入。隋唐佛学兴盛，八大宗派各领风骚。宋明理学借鉴佛教和道教哲学，从形而上层面明天理人欲之辨。清代朴学重视考据，思想趋向保守封闭。近代以来，中华文化进行了深入而痛苦的自我反省。在社会主义建设阶段，中国共产党人坚持理论结合实际，发展出了一系列马克思主义中国化的理论成果。在新的历史时期，习近平新时代中国特色社会主义思想是马克思主义中国化的最新成果，也充分体现了中华文化与时俱进的理论品质。

（五）以民为本的人民向度

中华文化特别重视"以民为本"，早在西周时期就发展出重视民心和民意的"民本"思想，西周的统治者有鉴于殷商的灭亡，提出了"敬德保民"的口号。此后，"民本"思想在儒学中得到继承和发展。孟子特别强调以民为本，将君和民视为相互有道德义务的两个主体，甚至将无道的君主视为"独夫"和"民贼"。张载更是提出了"民胞物与"的命题，将民众视为自己的同胞，将天地万物视为与自己同体的存在。以民为本的思想为中国共产党所继承和光大，并在新时代赋予了新的内涵。中国共产党人将人民的利益作为自己最高的追求，将"全心全意为人民服务"作为自己的宗旨。新民主主义阶段，中国共产党的奋斗目标是为了人民的自由和解放，同时将人民看作实现革命胜利的可靠保证，"群众路线"就是我党不断实现奋斗目标的三大法宝之一。社会主义建设时期，中国共产党的目标是为了保证人民当家作主的权力和实现人民生活的改善。人民是历史的创造者，是决定党和国家前途命运的根本力量。因此，必须坚持人民主体地位，坚持立党为公、执政为民，践行全心全意为人民服务的根本宗旨，把党的群众路线贯彻到治国理政全部活动之中，把人民对美好生活的向往作为奋斗目标，依靠人民创造历史伟业。进入新时代，人民群众的美好生活是中国共产党的奋斗目标，人民群众又是实现这一目标的根本力量，这是对传统"以民为本"思想和党的"群众路线"在新的历史阶段新的表述。

第二节　文化自信创新发展马克思主义文化理论

一、马克思主义文化观的历史轨迹

马克思主义文化观，是在辩证唯物主义和历史唯物主义两大理论基础上形成的一种崭新文化观，它的形成与发展，是随着德国资产阶级革命及欧洲资本主义发展的一种理论反映。从其理论自身来看，也存在着内在的发展逻辑，有一个从发生、发展到成熟完善的历史过程。

马克思的博士论文承袭了古希腊以来的理性主义传统，是对当时德国封建统治危机和即将爆发资产阶级革命的理论反映。《莱茵报》时期，马克思的理性主义文化观开始松动，"物质利益的支配作用使马克思同自己曾经信奉过的黑格尔的理性决定论发生了尖锐的冲突，促使和推动马克思将其视域由政治、法的观念转向物质利益、经济利益，从而逐渐转向对文化问题的唯物主义的理解。"在《黑格尔法哲学批判》中，马克思对唯物主义文化观进行了初步表达。这是马克思主义文化观的早期形态，即在理论研究和实践中逐步由理性主义转向唯物主义立场。

从《1844年经济学哲学手稿》到《德意志意识形态》，是马克思主义文化观的发展和成熟阶段。《1844年经济学哲学手稿》实现了马克思主义理论上的重大突破，即从人的劳动实践本质的视域，阐发了文化的本质及其发生过程，以劳动作为人的本质。"人的本质是人的真正的社会联系，所以人在积极实现自己本质的过程中创造、生产人的社会联系、社会本质。"这是历史唯物主义在理论上的重大突破，否定了以往的哲学家所提出的形形色色的抽象人性论，把人作为一种社会性的存在，即各种社会关系尤其是产生关系的存在来进行考察，颠覆了唯心主义的历史观，也使马克思对文化的阐释获得了历史唯物主义的方法论工具。在《德意志意识形态》中，马克思和以往的唯心主义文化史观划清了界限，清算了自己以前的哲学信仰，包括两个方面：一是强调自我意识的理性决定论和强调抽象人性的人本主义；二是阐发了历史唯物主义的文化观。首先，现实的、社会的人，是马克思主义文化观的前提。其次，马克思在社会存在与社会意识的辩证关系上确立了历史唯物主义文化观的基本诠释原则，强调精神文化对社会生活存在依赖关系，并且随着社会生产和生活方式的发展而发展，当阶级社会出现后就出现了阶级的意识，不同的物质生活条件决定了人们具有不同的思想文化。最后，精神文化最初是与人类的物质生活交织在一起的，其与物质生活的分离，是随着社会分工尤其是随着物质生产和精神生产的分工而发生的，从这个时候起，意识才能摆脱世界去构造"纯粹的"理论、神学、哲学、道德等。马克思对社会历史形态发展的分析主要在于对人类物质生产方式的考察，在人与自然、人与人的关系两个层面分别表现为生产力和生产关系，生产力的总和决定了人与人之间的社会关系，特定的社会关系又影响到社会生产力的发展。两者的对立统一构成一定社会阶段的生产方式，社会生产方式的变革带来社会组成各阶层的变化，从而带来社会形态的变化，促进意识形态的发展。

《共产党宣言》是无产阶级的行动纲领，是马克思主义诞生的标志。《共产党宣言》言简意赅地阐明了历史唯物主义基础上的社会政治、经济、文化的一般原则，进一步重申唯物主义文化观的一般原理。《共产党宣言》批判了超阶级的观点和永恒真理的说教，具体考察了意识形态的阶级实质和发展变化的历史规律。在阶级社会里，占统治地位的意识形态是由统治阶级的生产关系及生产所有制关系决定的，当社会的物质生产方式发生变革时，所有制关系也会发生相应的变革，从而引起社会意识形态的变革。在《资本论》中，马克思、恩格斯系统阐述了社会有机体理论，论述了文化及社会各组成要素相互影响和辩证运动的规律。马克思、恩格斯从社会生活的实践本质出发，论述了社会有机体中人的生产及交往活动、社会的政治结构、经济结构和精神结构的相互关系，论述了三大生产及物质生产、精神生产和人类自身的生产的关系，丰富了马克思主义文化观。

为避免形形色色的"经济决定论"，即把人类的物质生产看作社会发展唯一的决定性因素的倾向，恩格斯晚年对唯物史观的一些重要问题进行了理论上的澄清，阐发了经济基础和上层建筑的辩证关系、社会意识的相对独立性、历史发展合力论等思想，继续完善了马克思主义文化观。恩格斯强调了人是社会历史活动的主体，作为社会主体的人不仅是实践的主体，同时还具有意识能动性，人的思想意识既受到历史传统的影响，又和特定历史条件下的文化因素相关，政治、哲学、法律、宗教等意识形态对历史斗争的进程产生影响并且在许多情况下决定着斗争的形式。经济因素不能自动发挥决定作用，要借助文化、政治等意识形态的作用来实现自己的必然性。基于此，恩格斯晚年把加强理论斗争和道德宣传教育以达到文化自觉作为一项重要的工作。

二、马克思主义文化观的内容和特征

马克思、恩格斯实现了文化观上的重要变革，其基本内容包括三个方面：首先，文化作为人类历史活动的产物，离不开人类社会生活的具体实践，尤其是人类的物质生产实践及在这个基础上产生的社会关系；其次，在阶级社会中，主流意识形态必然是统治阶级意志的体现，它决定着这个社会的物质生产方式及人们在生产中形成的人与人之间的社会关系；最后，马克思、恩格斯还强调了文化的相对独立性，从文化的历史继承性、文化与社会其他构成要素的相互影响关系等方面，强调了先进的文化或者体现先进阶级意志的意识形态在推动社会历史发展中的作用。

马克思主义文化观坚持了唯物主义的基本立场，其根本特征在于它是从人类生存的前提，即从人的生存方式出发来阐发自己的文化观的。在辩证唯物主义和历史唯物主义的理论基础上，马克思主义文化观呈现出五个特点。一是贯彻了文化观上的唯物主义原则，将文化和社会的意识形态看成是一定社会阶段社会存在发展变化的产物。二是将现实的人作为社会历史中的主体，将人的物质生产方式及在生产中形成的社会关系看作人类文化产生和发展的决定因素。在人的生产实践过程中，马克思和恩格斯确证了人的本质，与动物的活动相比，人类的实践活动具有主观能动性、社会历史性等特征。三是马克思主义文化观的形成是一个辩证的发展过程，经历了发生、发展、成熟、完善几大历史阶段，是在"扬弃"旧有的唯心主义文化观及对自身理论不断革新的过程中实现的。四是马克思主义文化观的无产阶级立场。无产阶级是代表了先进生产力的阶级，马克思主义是无产阶级的革命理论，它也必然会随着无产阶级革命的胜利成为社会的主流意识形态。五是马克思主义文化观体现出整体观的特点。马克思、恩格斯指出，精神生产在社会不同发展阶段发挥的作用是不同的，随着社会历史的变迁，人类社会生活不断发展变化，社会结构及物质生产的结构也在不断发生变化，精神生产的地位和作用在社会发展的过程中越来越得到凸显。从社会发展的整体性上观察，一方面，人类的物质生产、精神生产及人类自身的生产及其相互作用，共同构成人类社会赖以生存的基础；另一方面，精神文化生产又和其他社会构成要素相互作用，共同推动着社会历史的发展。马克思、恩格斯非常重视精神文化生产的理论指导作用，在推动社会历史发展的过程中，不仅要重视"武器的批判"（即先进的无产阶级），也要重视"批判的武器"（即先进理论的指导）。随着人类社会历史的发展，"批判的武器"和意识形态将越来越发挥出重要的作用。

三、关于文化自信的重要论述对马克思主义文化观的发展

文化自信理论在贯彻马克思主义辩证唯物主义和历史唯物主义的基础上，将马克思主义与中国的社会主义建设实践相结合，通过继承和发展中华优秀传统文化、中国新民主主义革命文化、党的建设文化及老一辈革命家和领导人对于马克思主义中国化的研究和探索，形成了与中国特色社会主义建设的时代特征相结合的文化观，继承和发展了马克思主义文化观，是马克思主义中国化的又一次新的理论飞跃。在马克思主义基本原理和方法的指导下，在中国特色社会主义实践不断发展的过程中，关于文化自信的理论一定会随着实践的发展而不断发展，继续发展和完

善马克思主义的文化观。

（一）提出"文化的人"概念

《文化育和谐》中提出："人，本质上就是文化的人，而不是'物化'的人；是能动的、全面的人，而不是僵化的、'单向度'的人。"马克思主义认为，人的本质是一切社会关系的总和，这里的"一切社会关系"，主要指在物质生产中形成的人与人之间的关系。除了在物质生产及在物质生产中形成的社会关系中理解人，马克思主义也强调了人的需要等其他理解人的向度。人虽然是以从事物质生产为最主要的任务，但物质生产包括社会的发展最终的目的都指向人，是为了人的全面和自由的发展。社会的发展，不能一味单纯地以经济发展为目的，而要时刻不忘人的幸福，不忘人与自然、人与人之间及人与社会之间关系的和谐。

（二）将文化对社会发展的重要性上升到新的高度

文化是一个国家、一个民族的灵魂。历史和现实都表明，一个抛弃了或者背叛了自己历史文化的民族，不仅不可能发展起来，而且很可能上演一幕幕历史悲剧。文化自信，是更基础、更广泛、更深厚的自信，是事关国运兴衰，事关文化安全、事关民族精神独立性的大问题。文化的力量，或者称之为构成综合竞争力的文化软实力，总是"润物细无声"地融入经济力量、政治力量、社会力量之中，成为经济发展的"助推器"、政治文明的"导航灯"、社会和谐的"黏合剂"。在承认经济对文化起决定作用的前提下，高度重视文化的作用，认为文化对经济的发展是一种渗透性的力量和因素，能够极大地推动社会经济的发展。同时，文化力量对政治制度、政治体制的导向和引领作用十分明显。

任平在《论历史唯物主义的当代形态》中指出，与马克思的时代相比，当代历史唯物主义视域中的历史图景发生了一系列深刻的变化，其中重要的两条就是：文化因素成为渗透一切的主导因素；文化不再成为线性决定论的末端现象或者"副现象"，文化产业成为时代的主导地位的产业，从而使历史观以往的整个线性决定论图式变成了当代的相互作用的扁平化图式。与马克思、恩格斯的时代相比，当今时代已经发生了深刻的历史变革，从物质的生产与人类的生活方式来看，已经从生产社会过渡到消费社会，消费社会结构的普遍化，使消费对于物质生产起到了举足轻重的决定作用。

（三）强调文化民族性与时代性的统一

民族性的第一个表现就是提倡要继承和发扬中华优秀传统文化、继承和发扬老一辈革命家在革命和建设中所积累的经验和智慧。马克思主义文化观是对黑格尔和费尔巴哈代表的德国古典哲学的扬弃，而关于文化自信的论述来自对中华优秀传统文化的"创造性转化"。比如传统的"和合"文化，"和"指的是和谐、和平、中和等，"合"指的是汇合、融合、联合等。这种"贵和尚中、善解能容、厚德载物、和而不同"的宽容品格，是中华民族所追求的一种文化理念。中国传统的"和合"文化，既追求自然与社会的和谐，也追求个体与群体的和谐，这不仅是中华民族的理想，也是中华民族的凝聚力、创造力所在。民族性的第二个表现是要坚持民族本位的文化立场，也就是说，要用马克思主义的立场和方法批判性地学习西方文化中有益的东西，但绝不允许把学习资本主义社会的某些技术和某些管理的经验，变成崇拜资本主义、受资本主义腐蚀，丧失社会主义中国的民族自豪感和民族自信心。要坚持文化的民族本位立场，在倡导虚心学习和借鉴人类一切文明成果的同时，强调不能数典忘祖，不能照抄照搬别国的发展模式，也绝不接受任何外国颐指气使的说教。实现传统文化的"创造性转化"、坚持民族本位的文化立场、体现中国的民族特色和民族气魄，才是中华文化体现时代性和"走出去"的根本保证。

（四）重视文化产业对文化功能的发挥

《文化产品也要讲"票房价值"》一文指出："文化产品只有成为广大群众的自觉消费，才能最大限度地实现文化的宣传教育功能，达到以优秀作品鼓舞人的目的，这就是大力发展文化产业的意义所在。"只有生产优秀的文化产品，才能真正实现文化的意识形态教育功能，才能将优秀的文化转化成推动社会进步的力量。《"文化经济"点亮浙江经济》一文指出，"文化经济"的本质在于文化和经济的融合发展，说到底要突出一个"人"字。"文化经济"的概念，不仅要求文化和经济的协调发展、互相促进，更加强调发展的目的在于人这一根本宗旨。在党的十九大报告中，再次强调要推动文化事业和文化产业发展，指出"满足人民过上美好生活的新期待，必须提供丰富的精神食粮"。精神食粮是人民美好生活的一部分，只有同时满足人民物质生活和精神生活的需求，才是中国特色社会主义现代化建设的根本目的。党的二十大报告中也提出"健全现代文化产业体系和市场体系，实施重大文化产业项目带动战略"等繁荣发展文化事业和文化产业的方略。

第三节　文化自信丰富和发展了党的建设理论

中国共产党是中国革命和建设事业的领导力量，中国共产党之所以能带领中国人民在革命和建设事业中取得一个又一个胜利，离不开马克思主义的指导作用，离不开广大人民群众对党的信赖与支持，更离不开中国共产党的自身建设。党的建设工作是我们党保持先进性和纯洁性的重要保证，也是我们党作为执政党的必然要求。建党一百多年来，中国共产党历届领导人坚持一切从实际出发，不断丰富和发展党的建设理论，使中国共产党时刻保持先进性和清醒的头脑，不断提高纯洁性和战斗力，带领中国人民取得革命和建设事业的胜利。党的建设以党的政治建设为统领，强调政治建设是党的根本性建设，决定了党的建设方向和效果。党的政治建设，从文化的角度来看，就是要建设党内先进、纯洁的政治文化，严格执法守法，落实民主集中的制度文化，公道正派、清正廉洁的廉政文化，反对个人主义、分散主义、自由主义、本位主义、好人主义及宗派主义、圈子文化、码头文化等腐朽落后的文化。总的来说，政治建设的目标，一是思想文化的建设；二是制度文化的建设。思想文化包括党的领导核心意识、全心全意为人民服务意识、不断增强和提高执政水平的意识等。制度文化建设包括完善党内各项规章制度、切实执行各项制度，用完善的制度来克服党内腐败的现象，为提高党的先进性、纯洁性构筑坚实的屏障。

关于文化自信的重要论述，涵盖了党的建设理论内容。中国特色社会主义最本质的特征是中国共产党领导，中国特色社会主义制度的最大优势是中国共产党领导。坚持和完善党的领导，是党和国家的根本所在、命脉所在，是全国各族人民的利益所在、幸福所在。党要团结带领人民进行伟大斗争、推进伟大事业、实现伟大梦想，必须毫不动摇坚持和完善党的领导，毫不动摇把党建设得更加坚强有力。党的建设对于维护党的先进性与纯洁性、对于保障全国人民最根本的利益、对于社会主义建设事业的成败都有至关重要的作用。

文化自信理论包含了党的历史地位和党在革命和建设过程中所形成的优良传统和文化的自信。其内涵首先表现在对党的领导核心地位的自信，党的领导地位的形成，是历史选择的结果，是人民意志的体现，因此，在新时代必须坚持党的领导核心地位，坚持党对一切工作的领导，这也是党的政治建设的首要内容。其次在于对党的优良传统的自信，党在领导革命和建设事业的过程中，形成了诸如一切从实际出发、批评与自我批评、从群众中来到群众中去等优良传统和宝贵经验，这些优良传统和宝贵经验是党应当继承和发扬的宝贵财富。再次是对党的执政能力的自信。党在领导革命和建设事业的过程中，遭遇过许多挫折，也走过许多弯路，但是党从未失去自信，从未停止探索，最终带领中国人民取得革命和建设事业的胜利。最后是对党领导的中国特色社会主义建设事业的自信。党是实事求是、与时俱进的政党，党不仅追求理论的创新、追求将马克思主义与中国具体实践相结合、用马克思主义中国化的最新成果武装思想，而且追求研究新情况、新问题，一切从具体的、活生生的实践出发，在一切为人民服务宗旨的指引下，在人的自由全面发展目标的推动下，一定可以领导中国特色社会主义伟大事业取得胜利。

党是有着光荣历史的政党，在社会主义革命和建设事业中业已取得了前无古人的丰功伟绩。党保持着优良的传统，始终秉持全心全意为人民服务的宗旨。从历史的功绩和优良传统来看，党有着最为自信的底气。然而从社会主义建设事业的长期性和复杂性来看，不应该躺在功劳簿上，而应该"不忘初心、继续前进"，为实现共产主义理想而继续奋斗。具体而言，文化自信理论对党的建设理论的丰富表现在以下三个方面。

一、强化党对意识形态工作的领导

关于文化自信的重要论述非常强调意识形态的重要作用，在党建工作中，始终要强化党对意识形态工作的领导，突出意识形态工作的重要性。对党的建设工作来说，具体表现在党的政治建设和思想建设两个方面。从政治建设、思想建设角度具体来说，主要有四个方面的要求。

首先是坚定理想信念。建党 95 周年庆祝大会上强调要"不忘初心、继续前进"，所谓"不忘初心"，就是不能忘了我们党的根本任务和根本宗旨，在不同历史阶段，我们党的具体历史任务有所区别，但是不能忘了我们党的初心。理想信念是我们党永葆先进性和纯洁性的前提，也是我们党具有强大战斗力的保证。

其次，要坚持理想信念不动摇，就要坚持马克思主义作为指导思想不动摇。理论上清醒，政治上才能坚定。坚定的理想信念，必须建立在对马克思主义的深刻理解之上，建立在对历史规律的深刻把握之上。指导思想是一个政党的精神旗帜，要坚持马克思主义的指导地位，坚持把马克思主义基本原理同当代中国实际和时代特点紧密结合起来，推进理论创新、实践创新，不断把马克思主义中国化推向前进。中国共产党是马克思主义理论武装起来的政党，马克思主义为党的建设提供了世界观和方法论的指导，我们党只有坚持马克思主义的指导地位，将马克思主义同中国的具体生动实践相结合，才能取得社会主义建设事业的胜利。在坚持马克思主义作为党的指导思想的同时，也要坚持将马克思主义中国化的理论成果作为党的指导思想，用马克思主义中国化的最新理论成果指导社会主义建设事业。

再次，要将增强党员党性修养和规范党员行为相结合。党员的理想信念是共产党人的政治灵魂，要规范党员行为，就要严肃党的政治生活，增强党的凝聚力、创造力和战斗力。党内政治生活是党组织教育管理党员和党员进行党性锻炼的主要平台，全面从严治党必须从党内政治生活严起，要使全党各级组织和全体党员、干部都按照党内政治生活准则和党的各项规定办事。党内政治生活的规范化，对增强党员的党性修养、规范党员行为意义重大。党的十八大以来，我们党在围绕增强"四个意识"（即政治意识、大局意识、核心意识和看齐意识），开展党的群众路线教育实践活动和"三严三实"专题教育，推进"两学一做"学习教育常态化、制度化，提高了党员的党性，坚定了党员的理想信念。

二、强调制度文化建设

全面从严治党必须建立在制度治党的基础上，不断完善党内的各项法规和制度，推进党依法执政的规范化、制度化和科学化。制度建设的重点在于建立严密的权力运行制约和监督体系，权力必须在制度的规范和约束下展开，"把权力关进制度的笼子"。党的十八大以来，国家出台了一系列制度和法规，如《中国共产党党内法规制定条例》《中国共产党党内法规和规范性文件备案规定》《中国共产党问责条例》《中国共产党巡视工作条例》等。这些法规和条例的出台，为加强对权力的监管提供了制度保障，打造了一个坚固的监管权力的笼子。制度建设的内涵还包括从严治吏，即严格执行干部管理各项规定，讲原则不讲关系，坚持以严的标准要求干部，以严的措施管理干部，以严的纪律约束干部。《中国共产党廉洁自律准则》《中国共产党纪律处分条例》的颁布，从制度层面约束了党员干部的行为，强化了对党员作风建设的制度管理，为党风廉政建设提供了制度保障。

加强党的制度建设，要完善党内法规制定体制机制，注重党内法规同国家法律的衔接和协调，构建以党章为根本、若干配套党内法规为支撑的党内法规制度体系，提高党内法规执行力。在完善制度的同时，还要提高党员的法律意识，要强化法规制度意识，在全党开展法规制度宣传教育，引导广大党员、干部牢固树立法治意识、制度意识、纪律意识。党内制度的落实与否，关键在于执行力，只有切实提高党内各项制度的执行力度，做好制度监管工作，才能有效发挥党内规章制度的有效性。

此外，培育党内制度执行文化，营造提高制度执行力的文化氛围也非常重要。完备的治理体系和管理体系是培育制度文化的基础，合理、完备的制度体系有助于制度文化的培育，好的制度文化为培育党员干部及群众的法律意识提供了良好的外部环境。

制度文化建设大大丰富了党的建设的内涵，党的十七大以来，党的建设内涵主要包括思想建设、组织建设、作风建设、制度建设和反腐倡廉建设。党的十九大报告则提出"六大建设"：政治建设、思想建设、组织建设、作风建设、纪律建设和制度建设。其中，政治建设是根本，制度建设贯穿五大建设之中，表明在党的建设工作上，要把营造良好的政治生态放在首位，并把依靠良好的制度文化作为党建工作的主要途径。

三、强调党的作风建设

作风建设是党建工作的重要内容。我们党自建党之日起，在革命和建设实践中形成了优良的作风传统。党的作风是党的形象，是观察党群干群关系、人心向背的晴雨表。党的作风建设，关系到党群关系，关系到党的形象与威望，关系到党的前途和发展。

党的作风建设首先在于提高党员干部的自我修养，党员干部的自身修养有三个方面的内容。其一是党员干部的理论素养。党员干部要坚持理论学习，在实践中加深对党的指导思想及党的最新理论成果的学习，用先进的理论把自己武装起来。其二在于培养对人民群众的深厚情感。《一切为民者，则民向往之》一文指出，作为执政党，党员干部与人民群众的关系就是公仆与主人的关系。离开了人民，将一无所有、一事无成；背离了人民的利益，公仆就会被历史所淘汰。其三是提高党员的道德修养。道德修养方面，一方面要注重利用传统文化中的修身资源，另一方面要继承和发扬党的优良传统。党员干部特别是领导干部手中往往掌握一定的权力，不仅要主动接受组织、制度的监督，而且还要不断加强自律。

党的作风建设还在于惩治党内腐败现象。反对任何形式的腐败行为，是党风廉政建设的核心内容。党的十八大以来，我们党坚持"老虎""苍蝇"一起打，使不敢腐的震慑作用得到发挥，不敢腐、不能腐、不想腐的效应初步显现，反腐败斗争压倒性态势正在形成。党的十八大以来，我们党始终保持对腐败现象的高压态势，不仅从制度的制定、执行层面严厉打击各种腐败行为，对腐败行为采取零容忍的态度，还在继续完善党的各项规章制度，如科学的官员选拔和考核制度、严肃规范的政治组织生活等，使党内形成廉政、勤政的良好风气。

第四节　文化自信凸显中国特色 社会主义的文化本质

中国特色社会主义文化，源自中华民族五千多年文明历史所孕育的中华优秀传统文化，熔铸于党领导人民在革命、建设、改革中创造的革命文化和社会主义先进文化，植根于中国特色社会主义伟大实践。发展中国特色社会主义文化，就是以马克思主义为指导，坚守中华文化立场，立足当代中国现实，结合当今时代条件，发展面向现代化、面向世界、面向未来的，民族的、科学的、大众的社会主义文化，推动社会主义物质文明和精神文明协调发展。要坚持为人民服务、为社会主义服务，坚持百花齐放、百家争鸣，坚持创造性转化、创新性发展，不断铸就中华文化新辉煌。

一、中国特色社会主义文化的形成和发展

中国共产党的领导人都非常重视中国特色社会主义文化建设，在不同时期提出了不同的要求，不断丰富和发展了中国特色社会主义文化理论。中国特色社会主义文化，是为中国特色社会主义建设服务的文化，首先要坚持马克思主义的指导地位；其次要坚持民族本位的文化立场，同时具有鲜明的时代特征；再次是以人民为中心的导向；最后是对社会主义核心价值观的凸显。这些是中国特色社会主义文化的本质特征。

二、文化自信对中国特色社会主义文化本质的凸显

（一）坚持马克思主义的指导

中国特色社会主义文化的产生和发展，始终离不开马克思主义的指导，始终坚持马克思主义的立场和方法。中国特色社会主义文化的三大历史资源中，中华优秀传统文化需要用马克思主义的观点和方法进行"创造性转化"。红色革命文化和社会主义先进文化都是马克思主义和中国的具体革命与建设实践相结合的产物。中国特色社会主义的建设过程，是马克思主义同中国的具体国情相结合的过程，在这一理论与实际相结合的过程中，又产生了马克思主义中国化的理论新成果，理论成果的诞生，又继续推动社会主义建设事业不断进步。文化自信理论本身贯彻了历史唯物主义原则，也生动诠释了辩证法中的发展的观点，是马克思主义文化观在中国的继承和发展，是辩证唯物主义和历史唯物主义在新的历史时期获得的新的理论形态。

（二）坚持民族本位的文化立场

中国特色社会主义文化是以民族文化为本位的文化，在文化问题上持民族本位的立场。民族本位是一种文化自觉，首先是在对待传统文化的问题上，要反对文化虚无主义，要珍视中华优秀传统文化这一珍贵的历史遗产，在马克思主义指导下，结合中国特色社会主义建设的实践，对中华优秀传统文化进行创造性转化，培育独特的民族精神和中国价值。同时要反对各种形式的文化中心论、文化霸权主义，拒绝带有西方资本主义意识形态的价值观念、文化产品的输入，民族本位的立场并不表示盲目排外，并不代表狭隘的民族主义；相反，要吸收一切外来文化中的有益成果。坚持民族本位的文化立场的同时，还需要用开放的胸襟和态度吸收一切人类文明成果，将世界文明的成果中国化，形成中华文化为主体、多元文化兼容并蓄的文化格局。

坚持民族本位的文化立场，要做到文化的民族性和时代性的统一。文化的时代性主要表现为文化的社会制约性和历史性，指特定时代的经济生产方式及在此基础上形成的社会结构决定了这个时代的文化内涵和特征。中国特色社会主义文化，应当是反映中国特色社会主义建设实践的文化，是基于中国在新时代社会基本矛盾发生转变的这一基本国情之上的文化，是基于社会主义初级阶段的文化，不仅要体现中国特色，也要体现时代特征，这样才能更好地为时代主题服务，反映出当代中国的时代精神。

（三）坚持以人民为中心导向

中国特色社会主义文化是"以人为本"的文化，首先，"以人为本"就是坚持人民群众是文化的创造者，人民群众不仅创造了社会的物质文明，也创造了社会的精神文明。其次，"以人为本"还体现在社会主义的精神文化是体现人民需要的文化，中国特色的社会主义文化发展繁荣的根本目的，是为了满足人民日益增长的精神需要。文化的发展与繁荣，不仅是为了推动社会的物质生产的发展和制度的变革，也是为了人民的福祉。最后，坚持"以人为本"的导向，还要努力发展文化产业，创造出优秀的文化产品，以人民喜闻乐见的形式促进先进文化的传播。

文化的创造来自于人民，要虚心向人民学习、向生活学习，从人民的伟大实践和丰富多彩的生活中汲取营养，不断进行生活和艺术的积累，不断进行美的发现和美的创造。要始终把人民的冷暖、人民的幸福放在心中，把人民的喜怒哀乐倾注于自己的笔端，讴歌奋斗人生，刻画最美人物，坚定人们对美好生活的憧憬和信心。人民的丰富实践是文化创造永远不竭之源，文化自信必须有反映时代特征的创新文化的支撑，创新文化不仅有历史继承性，更重要的是在于植根于人民群众的多种形式的实践。

建设中国特色社会主义文化的目的在于服务人民。中国特色社会主义文化不仅是为了社会主义建设服务，也是为人民提供价值引领和精神动力。中国特色社会主义建设的根本目的在于服务人民，达到人的自由全面发展的目的。实现这个目的，除了要满足人民日益增长的物质需要，也要满足人民日益增长的精神文化需要。人民群众的需要是建设中国特色社会主义的目的，同时人民群众也是建设中国特色社会主义的主体和依靠力量，中国特色社会主义文化，为人民群众提供了精神动力和智力支持，有助于更好地调动人民群众为社会主义建设事业服务的积极性，有助于凝聚力量、发挥创造力，将社会主义建设事业推向前进。

（四）坚持弘扬社会主义核心价值观

社会主义核心价值观是文化软实力的灵魂，一个国家的文化软实力，从根本上说，取决于其社会主义核心价值观的生命力、凝聚力、感召力。因此，中国特色社会主义文化的灵魂就在于社会主义核心价值观。之所以把社会主义核心价值观看作是文化软实力的灵魂，是因为"社会主义核心价值观是当代中国精神的集中体现，是凝聚中国力量的思想道德基础"。

社会主义核心价值观的弘扬，离不开对意识形态领域主导权和话语权的把握。在全球化、信息化时代，意识形态工作面临着价值、文化领域的多元化挑战，如果在意识形态领域失语，将会带来整个社会思想上的混乱，社会主义建设事业将失去方向。因此，一方面要重视意识形态工作，引导人民树立正确的三观；另一方面要提出改进意识形态工作的要求，在开展思想政治工作时要多使用大众化语言，用通俗易懂的语言、春风化雨的方式牢牢把握意识形态领域的主导权和话语权。

培育和弘扬社会主义核心价值观必须立足中华优秀传统文化。社会主义核心价值观植根于中华优秀传统文化，24字社会主义核心价值观中，基本上直接或间接来源于中华优秀传统文化，"富强、文明、和谐"是中华文明一直所追求的目标。"民主"也可以在儒家的"民本"思想中找到共通之处。"自由、平等、公正、法治"在中华优秀传统文化中也可以找到相关元素。"爱国、敬业、诚信、友善"更是传统文化中一直提倡的价值追求。社会主义核心价值观在国家、社会、个人层面的表述，都可以在传统文化中寻觅其渊源。因此，要加强对中华优秀传统文化的挖掘和阐发，努力实现中华传统美德的创造性转化、创新性发展，把跨越时空、超越国度、富有永恒魅力、具有当代价值的文化精神弘扬起来。中华民族生生不息的力量源泉，就在于中华优秀传统文化，中国特色社会主义文化的繁荣，其实也就是中华优秀传统文化在当今时代博采众长、兼收并蓄而焕发出新的生命。中国特色社会主义建设事业的兴盛，也是中华文化在新时代的繁荣。

第二章

文化自信的时代要求

人是文化的存在。对个体发展而言，文化即人化，是历史凝结成的人的存在方式；对社会而言，文化表征着社会运作模式的内在机理；对国家和民族而言，文化是民族的血脉，是人民的精神家园，它深深地熔铸着这个民族独特的历史传统、价值观念和风俗习惯，标注着这个民族特有的总体性生存方式。一个民族只有在文化上站起来，才能真正屹立于世界民族之林。文化同国家命运和民族命运有着深层的关联性："文化是一个国家、一个民族的灵魂。文化兴国运兴，文化强民族强。"文化是维系一个民族生存发展的精神纽带，这个民族的文化身份形成了这个民族独有的精神世界，构成了这个民族自我认同和他者认同的价值基础。

然而，文化自信在中国特色社会主义文化实践中具有基础性，其中蕴含着中华民族发展最基本的力量，"没有高度的文化自信，没有文化的繁荣兴盛，就没有中华民族伟大复兴"。党的十九大报告更是明确指出："文化自信是一个国家、一个民族发展中更基本、更深沉、更持久的力量。"这一系列重要论述都表明，文化自信是道路自信、理论自信、制度自信的基础，在中国特色社会主义理论体系中具有举足轻重的地位，构成了中国特色社会主义的精神内核。可见，文化自信是我们在国家独立、民族解放和改革开放的伟大历史实践中得出的基本结论，是对中国优秀文化传承、革命文化熏陶、社会主义文化建设经验进行的深层历史回应。

新中国成立 70 余年尤其是改革开放 40 余年的奋斗，使中国成功实现了跨越式发展。今天的中国经济已经成为全球经济发展的重要驱动力，中国正在实现中华民族伟大复兴的征程中昂首向前。而社会发展是一个综合的系统工程，中国要实现经济、政治、文化、社会、生态文明"五位一体"的协调发展。在文化已经上升为国家发展总体布局的新的历史发展时代，坚定文化自信就成为中国未来发展的核心课题。坚定中国特色社会主义道路自信、理论自信、制度自信，说到底是要坚定文化自信，文化自信是更基本、更深沉、更持久的力量。可见，坚定文化自信，以文化作支撑来引领中国社会的协调发展、健康发展，进而助推中华民族的伟大复兴，这是从理论到实践无法回避的必然选择。

第一节　文化发展：历时与共时的双重关切

"文化"是一个很难下定义的概念，据不完全统计，人类关于文化的定义有 200 多种。文化是人与自然相区别的重要标志，文化的本质就是人对自然的介入和参与，人通过实践这种对象化活动（即人与对象世界的相互作用）才使得文化在人类手中诞生。在西方的语境中，文化强调的是人的自然改造，具有耕耘、培育、成长等含义；而在中国语境当中，强调文化向人的生成，即"人文化成"，《易经》中讲"观乎天文，以察时变；观乎人文，以化成天下"。可见，无论是西方文化还是东方文化，都表明文化与自然相区别，文化都打上了人的印记。正是因为有了人的介入，自然才有了灵性，变得生动鲜活起来，对象世界成了属人的文化世界。因此，从一定意义上说，文化是人本质的展开形式，是人的本质力量在精神层面的深层表达。

总之，文化的本质是在人与自然的相互作用中生成的，人的参与使得文化从自然当中产生。谈文化不能离开人，纯粹的自然不叫文化。文化与人具有"同构互塑"关系，文化和人之间具有一种内在的关联性：人在本质上是文化存在物，反过来文化的本质就是"人化"，正因为人是文化的存在，因此人需要不断地追求意义、创造价值，为自己设计未来，追求超越与发展。

文化也是一个民族的血脉和精神家园。文化对一个民族、国家发展的重要性不言而喻。在全面建设社会主义现代化国家、实现中华民族伟大复兴的征程中，文化对经济、社会的发展起着重要的助力作用，而文化的建设与发展需要文化自信，也是需要着力加强的方面。何谓文化自信？文化自信是一个国家、一个民族及一个政党对自身文化价值的充分肯定和积极践行，并对其文化的生命力持有坚定信心。

从一般学理而言，"历时性"表达的是一个系统发展的历史性变化情况（如过去—现在—将来），而"共时性"即不同系统处在同一个发展时期集中呈现。这里用"历时性文化的共时性承受"这一命题来指称改革开放以来中国文化的发展现实，旨在准确描述中国当代文化矛盾的独特性：全球一体化进程使得本来在不同历史发展阶段生成的前现代文化、现代文化和后现代文化，同时呈现于当代中国的文化场景之中，从而使中国文化发展本该具有的历时性衍变为一种在多样性文化基座上寻求跨越发展的共时性态势，由此带来了诸如价值诉求失范、文化生态紊乱等问题。这就需要立足全球化背景来反思并建构当代中国文化，进而探求文化价值的共识、凝聚与独特性、多样性之间的辩证关系。

从历时性角度考察，中国文化经历了从文化辉煌到失落自信再到回归自信的曲折过程。回顾中华民族的文明史，在人类文明的浩瀚星空下，中华文明光华夺目，博大厚重。从诸子百家，到秦腔汉赋；从敦煌飞天，到唐诗宋词；从元曲杂谈，到明清小说，这一幅幅辉煌画卷，无不展现了悠久的中华文化，散发着东方情韵和魅力。中华文化璀璨绚丽，不仅有精美的文学作品，更有儒、释、道三家博大精深的思想文化，在世界文明史上留下了光辉灿烂的篇章。而以儒家为代表的中国传统文化，更是人类取之不尽的思想源泉和精神宝库。中华民族的文明历史进程虽也经历了战乱频发朝代更迭，但总体上直到清中叶还是自信满满、居于世界中心的文化心态。1793 年英使节来华觐见乾隆皇帝，进献了西方先进的天文仪器，并进行了火枪表演，但当时中国的统治者对此只是表示了新奇，并没有意识到这是需要学习的世界先进技术。当时的中华文化在自我优越感和天朝上国思想支配下，面对"他者"文化依然还是一副盲目自大的心态，更不会存在自卑的状况。也正是随着全球化的不断推进，中国闭关锁国的大门被西方列强强行打开，在与"他者"文化的相遇中，中华民族表现出怀疑、震惊和不自信，开始了文化的自我反思。这一反思首先从器物层面（科技）开始，清政府认为之所以不敌西方列强，主要问题在科技，应该"师夷长技"，即学习西方先进的科技。当时洋务派就在学习西方的基础上，建立了亚洲第一吨位的北洋水师，但随后的甲午海战失败打碎了中国的梦境。如何正视"自我"文化与"他者"文化成了当时中国人所必须面对的问题。在发展过程中，中国被迫卷入了西方列强主导的全球化进程，中国人首先反思的是科技水平的不足，进而反思的是政治制度的缺陷，最后则陷入文化整体不如人的失落。文化的这种不自信，意味着社会整体价值的坍塌。

马克思曾经指出："人的本质不是单个人所固有的抽象物，在其现实性上，它是一切社会关系的总和。"文化的优劣是在比较之中呈现的，在与"他者"文化的对话中，才能确证"自我"文化的价值存在，并彰显出富有特色的"自我"。尤其是在 21 世纪的今天，已然不是西方列强在全球肆意侵略他国的时代，而是进入了各种文明形态频繁互动交往的全球化时代。在这一过程中不仅有着不同文明形态的交往，更多的时候可能是不同文明形态的碰撞。如何在与异质文化交往中做到和而不同，在与"他者"的互动中既不被同化为另一个扮演"他者"的"他者"，又不会重新退回到"自我"中心的躯壳，是每一种文明形态都必须面临的时代性课题。正如古巴领导人卡斯特罗所说，中国经济的飞速发展表明，中国"已成为所有第三世界国家最大的希望和最好的榜样"，现如今的中国在成为经济大国之后，也在思考实现中华民族复兴、建立最根本的自信、成为文化大国和文化强国的问题。孔子学院在世界范围内广受好评，文化产业、文化事业的蓬勃发展是中国树立文化自信，朝向文化自强方向努力的重要表现。相对于单纯的器物文明的现代化发展之路，对于人的内心的需要，对"我是谁"的文化精神信仰的追寻，将是更高级别的关乎人的全面发展和民族振兴的根本性问题，也将是需要更加认真面对的未来发展课题。

从共时性角度考察，文化发展是文化强国战略与大国和平崛起的应然要求。文化兴则国运兴，文化是时代的先声。经济竞争的背后是科技与文化的竞争。在当今全球化时代，面对中国的和平崛起，西方的中国问题专家自信地对中国做了很多悲观的预测，但最后中国没有崩溃，而"中国崩溃论"却崩溃了。今天的中国非但没有崩溃，其大国和平崛起之路正日渐步入当代世界发展的视野。特别是 2008 年国际金融危机之后，发达资本主义国家纷纷陷入危机难以自拔，而中国不仅成功地减小了危机的冲击，而且迅速复苏，中国的发展更是成为世界瞩目的焦点，对中国发展的研究日益成为国际主流学界认真关注的重大课题。诚然，当代中国的发展现实是复杂的多力共同作用的结果，这既需要先进合理的制度安排，更需要创新进步的科技、强大的民族凝聚力、先进开放的思想、雄厚的文化软实力及足够的军事威慑力，其中文化发展是中国大国和平崛起应具备的必要条件。

首先，文化发展是全球化时代的必然要求。每一个国家在全球化进程中都要经历一个全方位多领域的层次融入过程，对于中国来说，我们只能主动适应、主动应对，这期间必然经历着文化的选择与创造的阵痛，特别是在以西方文明为主导话语权的全球化大背景下，西方价值观念无时无刻不在以各种方式、形式进行输出，时时刻刻对民族国家文化发展产生重要冲击。如美国肯德基、麦当劳、星巴克的输出，在向全世界输出物质性消费的同时，更是在输出着文化性消费。在不同文明形态的碰撞中，世界冲突的主要形式将会表现为文明冲突，特别是价值观念的冲突。因此，对一个国家来说，在不同文明形态的冲突中，要思考如何保有自我价值自信，而不是处于文化失落困惑的状态，这样才能更好地实现民族现代价值重构，真正让文化在其现代性发展实践中发挥重要作用。

其次，文化发展是现实的应然要求。文化是综合国力竞争的重要一环，中国经济处在高速发展中，而文化发展却是相对滞后的。正如印第安人的古老习惯，在逐水而居的迁徙中需要不时在某地做一下停留，为的是等一等灵魂！文化的发展进步要跟得上经济发展的步伐，才能真正托起一个大国的强国梦。中华文化源远流长，但在面对外来文化尤其是强势的西方文化时，却更多的是失语的状况，被认为保守落后，失去了文化自信。经济的发展需要民族品牌的支撑，而支撑民族品牌的实际上是在一定文化积淀下蕴含着特定文化价值的品牌文化，中国对外除了阿里巴巴、高铁等，还应有与经济发展相匹配的拥有创造活力的文化，还必须有自己引以为傲的文化和价值观念，只有这样才能带来经济的持续繁荣，才能给经济带来质的提升而不仅是量的扩张，才能避免"经济巨人文化矮子"的情形出现，真正拥有"乱云飞渡仍从容"的精气神。

再次，文化发展是主体的实然要求。相对于人来说，物是一种客观性存在。文化产品和服务作为独立于人又需要满足人的需求的存在，既有通过市场转换为经济利益，实现一定效益的属性；又有不同于其他物质性生产的突出属性，其承担了教育、审美及提升人的道德、信仰层次的功能。"人是一种文化的存在，信仰对于人生是不可或缺的，信仰划定了人性的圆周，表明人类所有的社会实践都是一种有目的的、追求意义的过程。"但在生产高速发展的同时，文化的商品属性被有意无意放大，文化的社会效能被忽视弱化。在这种工具理性当道，生活被"物化""异化""符号化"的背景下，必然会造成人的主体性缺失，乃至于人的信仰危机、道德底线危机。德国16世纪的著名宗教改革家马丁·路德曾经说过："一个国家的繁荣，不取决于它的国库之殷实不取决于它的城堡之坚固，也不取决于它的公共设施之华丽；而在于它的公民的文明素养，即在于人们所受的教育，人们的远见卓识和品格的高下，这才是真正的利害所在，也是真正的力量源泉。"因此，人作为有意识有主观能动性的存在，需要文化的滋养浸润去厘定自身的信仰理想高度，真正明确"我是谁"，进而寻找到心泰身宁的精神家园。

第二节　文化自信：更基本、更深沉、更持久的力量

　　一个国家、一个民族如果仅有经济的强盛，则不能称其为强盛，只有民族精神的振奋才是真正的崛起。民族的复兴必定伴随着文化的发展繁荣，而文化实力的真正提升，必然要求文化自觉与文化自信。文化自觉，是对文化发展的清醒认识、高度觉悟、理性看待，是对传承发展责任的勇于担当；文化自信，则是对自身文化价值的充分肯定，是对自身文化生命力的

坚定信念。这种自觉与自信源自国人百年的民族救亡和发展探索，是符合中国时代特征和实践要求的伟大抉择，更是实现中华文化繁荣发展、中华民族伟大复兴的强大精神力量。

1. 文化自信源于对民族文化的自我认知

文化自信的前提是对民族文化的自我认知。文化自信包含着三个层面的内容，即中华优秀传统文化，革命文化和社会主义先进文化，这三个层面的文化积淀着中华民族最深层的精神追求，代表着中华民族独特的精神标识，当然，也构成了文化认知的基本对象。从这个意义上说，文化自信归根到底是一种社会心理的时代呈现。不同文化形态间的交往需要建立在成熟的心理之上，只有这样，文化才能够真正成为一个民族的灵魂。思想文化是一个国家、一个民族的灵魂。无论哪一个国家、哪一个民族，如果不珍惜自己的思想文化，丢掉了思想文化这个灵魂，这个国家、这个民族是立不起来的。同时需要说明的是，思想文化的灵魂应呈现出一个整体的形态。虽然强调传统文化、革命文化与社会主义先进文化三大支柱，但不应遗忘三大文化支柱之间一以贯之的文化基因。毕竟，文化自信不能停留在历史记忆中，而要以一个眺望的姿态向前看。

首先，是对于中国传统文化的自我认知。中国是一个历史悠久的文明古国，也是世界上少有的文化血脉从未中断的国家之一，这足以证明中国传统文化具有强大的生命力。虽然在某些年代，传统文化遭受打击，但并没有毁灭其根基，反倒成了它新生的催化剂。即便在当下，传统文化也深受群众认同。那么，传统文化为何具有如此深刻的亲和力？其实就在于它直接回答了"我们到底是谁"这个重大问题。中国传统文化中最核心的内容已经成为中华民族最基本的文化基因。这些最基本的文化基因，是中华民族和中国人民有别于其他民族的独特标识。从这个意义上讲，传统文化从历史中为中国今天的"强大"提供根据，为"我们"这个概念奠定了底蕴，并以此声明，中国其实从未在世界历史舞台上离场。

其次，是对于实现民族解放的革命文化的自我认知。近代以来，中国经历了封建社会的瓦解、亡国灭种的危机及艰苦斗争实现解放的历史洗礼，这其中孕育出的以中国共产党为主体的革命文化，可以说是这一历史展开的文化浓缩。革命文化的内核是在马克思主义指引下，追求民族独立和国家解放过程中体现的奉献精神，如井冈山精神、长征精神、延安精神、西柏坡精神等红色文化表征。而这种奉献精神延伸至今，逐渐演变为社会主义建设时期的雷锋精神、大庆精神、"两弹一星"精神与改革开放以来的载人航天精神、北京奥运精神、抗震救灾精神等。

最后，是对于引领中国发展的中国特色社会主义文化的自我认知。中国特色社会主义是一种具有开创性的道路选择，这注定了其文化景观的与众不同。从根本上说，中国特色社会主义文化是对改革开放以来中国式现代化建设实践的反映。由于改革开放的目的在于实现更好的发展，因此，这种文化从主题上也就呈现为一种"发展的文化"。从解放思想、敢闯敢干，到以人为本、科学发展；从统筹兼顾、社会和谐，到"四个全面""五大理念"，当代中国发展的每一个脚印都以文化的形式渗透到社会的方方面面，从而诠释了国家的发展、社会的发展与人的发展三大主题。因此，中国特色社会主义文化是先进的，因为它代表了当代中国的发展趋势。从这个角度说，社会主义的先进文化是一种超越式的文化，它意味着不断地探索与变革，从而拓展中国发展的更多可能性。反过来说，恰恰是这种文化内核中的开创性，注定了它的风险与代价，尤其在改革处于攻坚期与深水区时，必然会带来诸多的问题，甚至在短期内不可能得到彻底的解决，而这些因素也投射到文化图景中，留下了深刻的印迹，孕育了负面情绪。然而，作为一种正常的文化形态，这些负面因素非但不会影响文化自身的成长，反而是推动文化走向成熟的动力之一，值得去尊重。

当然，从一个国家主体或民族主体的视角，能够得到对于自身文化的一般认知，并据此形成对于自身文化的直观判断。然而，如果仅以这些判断为基础来讨论文化自信，其结果往往是经不住推敲的，容易导致一种自信的"错觉"。这表现在很多方面，例如，人们一方面对自己的传统文化十分认同；另一方面对于文化本身又不求甚解，把传统文化简单化、表面化、形式化，或是在具体的文化传承、文化保护等方面遭遇了很多困难，以致长久以来，传统文化的复兴大潮看起来越演越烈，而文化流失的遗憾反倒成为当代人的心头之痛。又如，曾经引以为豪的革命精神逐渐失去了"劲道"，人们对于这种精神的认识更加深刻、更加理性，也更加冷静，却在不知不觉中遗失了这种文化的热血情怀与行动张力，其结果是人们虽然依然崇尚这种文化，却无法从中得到行动的驱动力，革命文化正在成为一种口头上的"热销品"、行动上的"奢侈品"。再如，对于中国特色社会主义文化的先进性，很多人理解得并不准确，有人用西方世界传递的价值体系作为标准来质疑自己文化的先进性，有人将"中国特色"误用、滥用以致将其妖魔化，有人说"中国特色是个筐，什么东西都可以往里装"，有人承认中国特色是成功的却否认它是先进的，有人强调中国的成功是"中国"的先进而非"社会主义"的先进，等等。这些问题的出现，意味着人们对自身文化认知不系统、不全面、不深入。

2. 坚定文化自信，有效应对国际国内复杂形势

无论世界风云如何变幻，都应该坚信和平与发展是当今世界的主旋律，但同时也应看到一些西方国家面对中国快速发展感到不适应，进而把中国的发展看作对自身发展的重大威胁。这些西方国家不仅在贸易上对中国设卡，更在进一步加强对我国的文化渗透，更加注重运用巧实力、软实力发动"软战争"，文化之战、文化竞争是和平年代没有硝烟但也更为残

酷的战争。正如西方传播学者曾公开发表的言论，西方世界寻求瓦解共产主义的方法，花费了亿万美元和近半个世纪的时间，却发现答案在电视新闻里。有数据表明，发达国家传向发展中国家的信息是发展中国家传出信息量的近百倍，在多样文化交流更加密切、交融更加深入、交锋更加激烈的国际大背景下，文化在国家竞争中的地位将更加突出，如何有效维护国家的文化利益、维护国家的文化安全将是更为紧迫也是更为艰巨的任务。对此，我国的文化发展实践需要跟上国际国内形势的新要求，解放思想、抢抓机遇，不断提高我国文化发展水平，努力促进文化生产力发展速度的提升，在向世界各种先进文化学习借鉴的基础上，增强国家的文化软实力，增强国家抵御各类文化思潮不良价值观念冲击的能力，切实维护国家文化安全；要对当今时代文化发展变化的新趋势准确把握，以时不我待的紧迫感努力发展社会主义先进文化；更要在面对国际国内文化发展变化大势时，始终保持清醒的头脑和坚定的文化自信，只有这样才能在没有硝烟的战场上把握大势，才能在文化的交锋中做到敢于亮剑，不辱国家发展使命，不负国家发展未来。

3. 坚定文化自信，进一步推动中国的改革发展

随着改革的深入，我国在取得巨大成就的同时，改革也在逐步进入深水区和攻坚区。在改革的前一个时期，面对百废待兴的国家经济和人民群众日益增长的物质文化生活需要，首要的是通过深化改革加大对外开放，进行社会主义市场经济转型、财税金融体系改革，完善社会保障体制，进行国民收入初次再次分配，有效协调公平与效率的关系，促进社会经济领域的公平正义的实现、人民物质需求的满足。但是一个社会物质上的满足，还只是生存层面的基本满足，只有文化上实现丰盈与充实，满足精神层面的需求，使人民群众真正得到文化滋养，才是真正的社会发展进步。党的十七届六中全会决议曾指出，物质贫乏不是社会主

义，精神空虚也不是社会主义，没有社会主义文化繁荣发展，就没有社会主义现代化。文化相对于经济发展是更高级的，关乎人的幸福指数和真正美好生活的存在。如恩格斯说："文化上的每一个进步，都是迈向自由的一步。"改善民生不仅指吃饱穿暖生活好，更要求有文化，要满足人的内在精神需求，这才是真正的通向人的自由而全面发展的共产主义理想的必然选择。相对政治、经济、科技等社会发展进步指标，文化既是目标，又是助力其他目标顺利实现的有效保障。文化是其中发展的高层次也是轴心要素。文化是一种隐性的，同时也是持久性的具有强大主观能动性的力量，可以作用于现实的物质存在，深入影响经济社会的发展。文化影响着人们在经济社会中的关系，影响着人们的交往方式，影响着人们的价值认知和价值判断，坚定文化自信可以凝聚成巨大的物质力量，真正推动经济社会的发展进步。面对改革深水区和攻坚区利益格局深刻调整、社会结构深刻变化、经济体制深刻变革、国家统一大业任重道远的实际，文化自信将会变为巨大的创造力和凝聚力源泉，变成重要的战略资源，给经济社会发展无限的精神支持，激发全党全国人民面对改革发展艰难险阻的无限热情。

4. 坚定文化自信，实现中华民族的伟大复兴

中华民族的伟大复兴，不仅是经济上的兴盛，更重要的是中华文化的繁荣兴盛。随着中国经济的腾飞，中国在世界舞台的影响力日益增强，但是在很多国家眼中，中国还只是一个依靠资源、人口红利等因素实现发展的后发型发展中国家，是一个有着巨大商机可以淘金的市场，至于中国的文化他们既不完全了解，很多时候也不能做到完全认同。很多国家对中国可能还停留在文明古国的认识层次上，而并不认为中国还有引人注目的现代文化。

伟大的文化是伟大复兴的必要条件，是伟大复兴的重要保障。中国在

实现民族复兴之路上，不仅要有以经济崛起为重要标识的硬实力，还要有道路、理论、制度的吸引力和感召力，特别是以民族精神重建为标识的文化的不断进步。回顾中华民族百年的奋斗史，无论是战火纷飞的年代还是和平建设时期，我们党始终以高度的文化自觉和自信，高举社会主义先进文化旗帜，根据不断发展变化的实际，阐明自己的路线、方针和政策，制定了国家社会发展策略。这种自觉自信，源自百年复兴道路的砥砺，体现了在当今时代中国共产党人的伟大战略抉择。

在今天中华民族伟大复兴的征途中，文化自觉和自信也必将是建设社会主义文化强国的重要保障。中华文化既是中国走向世界的强大精神动力，更是中国社会主义文化大发展大繁荣的重要资源。我们相信，伴随着中国未来现代化的步伐，文化将越来越成为综合国力竞争的重要因素，越来越成为一个国家、一个民族复兴的重要支撑。只有不断提升增强文化自觉与自信，对中国文化保有清醒认识与高度自觉，以理性的态度看待当代中华文化的机遇与挑战，以开放包容共赢心态积极融入世界，才能真正助推中华民族的伟大复兴。

第三节　文化自信：未来何所为

处于伟大复兴征程中的中华民族，如何以坚定的文化自信致力于中华文化的繁荣兴盛，是时代赋予的艰巨使命。文化自信应该是中华民族对于自身文化未来发展的自信，是中华民族从容走向世界的自信。越是民族的才越是世界的，一种文化形态生生不息向前发展的最持久动力，莫过于体现该文化的内在精神及其个性，坚定文化自信，需要我们本着对民族的历史、现实、未来全面把握和认真负责的态度，去推进中国文化的发展与繁荣，在理论与实践上踏实地努力。

1. 确立多样文化和谐发展的新思维

对当代中国文化现状的清醒认识是实现文化自信的前提。在现代社会，特别是随着全球化时代的到来，多样思维、多样文化并存的状况正在替代传统的、相对闭塞的一元文化局面。在当代中国，随着改革开放的深化，文化也呈现出多样化发展态势，存在着主流文化、大众文化、精英文化和传统文化四种基本的文化形态。从中国社会发展的实际看，这四种文化形态将会长期存在，并对未来中国的现代性文化建构产生持续性影响。主流文化即中国化的马克思主义文化，即中国特色社会主义文化，它是中国走向现代化未来的主导型文化。如何在多种文化形态并存的情况下引导其他文化形态健康发展，从根本上塑形其他文化的价值观念，并且通过其他文化形态的一切话语形式扩大其影响，获得广泛的价值认同，尚需在社会实践生活中进一步探索。精英文化即知识分子文化，在我国古代主要是以"士"阶层为代表，而在现代主要指以广大知识分子群体为代表的文化。在和平年代，精英文化的作用也许并不突出；在社会转型大变革大发展时期，精英文化将发挥启迪民智、引领社会发展风向标的先导作用；而在当今社会，需要更好地发挥精英文化的作用，使精英文化以其品位和内涵成为社会转型的先导。大众文化在当代主要指市场经济条件下为普通民众所接受的，形式内容多样、更接近普通民众生产生活实际的，规模化、商业化运作并且可以批量传播消费的文化。这一文化形式在活跃普通民众精神文化生活的同时，也存在着价值诉求模糊甚至混乱的情况，以及因自身局限而片面追求经济利益、忽视道德引领的倾向。大众文化是对社会影响面较大的文化形式，在人们的世界观、价值观、生活方式等方面发挥着不可忽视的作用，对社会整体文化形态的运行有重要意义。如何引导大众文化的健康发展，尚需进一步思考和实践。中国传统文化是指居住在中国地域内的中华民族及其祖先所创造的、为中华民族世代继承发展的、具有鲜明民族特色的各种思想文化、观念形态的总体表征。儒学是中国传统文化的思想主流。中国传统文化虽然受到战争、朝代更迭、文化思潮等的影响，但其价值主线却从未中断，一直是支撑中华民族精神世界的最深厚最本真的东西，是塑造中国人精神世界的重要文化养分。正所谓"周虽旧邦，其命维新"，传统文化在经历中西文化、传统与现代等的碰撞后，在当今社会随着文化回归、文化自觉和文化自信的逐步觉醒，正在形成新的流行之势。在传统文化日益被当代社会重视发扬的情况下，如何使中华优秀传统文化转化为具有世界意义的文化价值资源，为世界文明发展作出应有贡献，需要进一步思考和实践。

面对多样文化并存的局面，要保有文化自觉和自信，从本民族的文化传统和实际出发，努力实现当代社会主义核心价值观与上述文化形态的有机融合，创造适应当代社会发展的中华民族多样一体的新文化，致力于不同文化形态的和谐发展。

2. 弘扬优秀传统文化坚守文化之本

文化是渗透在一个民族骨髓里的 DNA。从文化哲学的角度看，正是文化的内在精神气质，使得一种文化区别于另一种文化，并且通过差异展示出自身的独特魅力。中国传统文化以其独特的文化魅力屹立于世界民族之林，其中所呈现的处事原则、实践智慧等时至今日都闪耀着文明光芒。历史上，中国知识分子有对传统文化优劣的激烈辩论，面对民族国家生死存亡，一些优秀知识分子开眼看世界，把学习的目光投向西方文化，从器物文明到政治制度再到文化理念，都试图以一种拿来主义的态度予以全盘照搬，认为只有"夷之文化"才能带来思想上的革命、观念上的更新，但结果是导致国人对于自身文化的不自信。中国的发展实践证明，一个国家、一个民族要崛起，必须有文化上的自觉与自信，没有自觉与自信只能是精神上的矮子。而真正的自觉自信只能来源于历史深处，来源于源远流长的民族记忆和圆融大气的中国智慧。

在此要避免两个误区：一个是把传统文化功利化的倾向。随着经济的发展和社会的进步，社会整体上对传统文化是重视的。从传统文化书籍的热销，到对传统文化讲座的热捧，再到中国各地非物质文化遗产申遗热，社会各界对传统文化的热情可见一斑。但需要注意的是，对传统文化的重视不能变成"文化搭台，经济唱戏"的表演，把能否拉动地方经济作为评判传统文化优劣的尺度，甚至出现一些违背道德伦理、社会价值的情况。在传统文化面前应该有敬畏之心，更应该坚持道德伦理，真正弘扬适合现代社会发展进步需要的优秀传统文化。另一个是把传统文化标签化的倾向。文化属于上层建筑的范畴，是对一定时期生产力发展水平的反映和回应，生产力发展水平有高低之别，不能因此就把相应的文化判定为先进或落后，就此贴上标签，而是要进行理性审慎的分析。比如晚清时期，在西方文明都进入工业文明的社会条件下，中国却仍处在农业文明的晚期，但并不能因此就对这一时期的文化做出绝对的否定性判断。人们对文化的相对能动性有所重视，但在实际操作层面，仍存在有意无意以"时代局限"概而论之的通用标签。这样就造成传统文化和当时的社会相粘连、被固化，只是表现特性而缺乏全面辩证性分析，对此种情况应予以避免。

3. 在全球文化交往语境下的文化自信心理建构

对于文化的发展路径，一种是主张对外部保持警惕，保持特色的独立自主发展模式；另一种则是主张融入其他文化形式进行沟通学习，淡化特性主张共性的发展模式。实际情况总比理论更为复杂，也更为真实。面对中国的逐步崛起、中华文化的伟大复兴，中华文化未来走向也将越来越为世人所关注。现在是一个全球化的时代，全球化使得世界经济一体化的同时，也使得文化方面出现文化价值趋同和民族个性张扬之间的张力。全球化是一个历史过程，对发达国家而言，由于其具有发展的先发性，在全球化文化交往中往往处于和经济发展状况类似的主导地位，对文化交往往往采取积极主动投入的态度。而对于广大发展中国家来说，要在共时性条件下取得发达国家历时性进程的文明发展，那么如何在文化的世界性与民族性、共性与个性中达到一种平衡，在全球化交往互鉴中保有本土性特征，是需要认真把握的重大时代课题。正如马克思在《评普鲁士最近的书报检查令》一文中所说："你们赞美大自然令人赏心悦目的千姿百态和无穷无尽的丰富宝藏，你们并不要求玫瑰花散发出和紫罗兰一样的芳香，但你们为什么却要求世界上最丰富的东西——精神只能有一种存在形式呢？"中国文化是中国人民在长期的历史和实践中不懈探索的结果，是具有开创性的文明样态，世界上没有放之四海皆准的文明样态，也没有一成不变的文明样态，既不能把全球化的文化交流当作束缚自己思想和行为的教条，也不能把实践中已见成效的文化发展状况看成完美无缺的，而是要适应国内外形势的变化，顺应人民的新期待，坚定文化自信，坚持文化多样性，以宽容的心态，倡导不同文明形态之间的平等基础上的对话，实现自身文化在交流互鉴中的创新发展，具体而言包括以下方面。

首先，树立文化危机意识，葆有民族文化认同与批判的张力。一个拥有未来的民族首先要有文化忧患意识，甚至可以说，忧患意识是民族传统文化的底色和精髓，它来源于清醒而强烈的责任感和使命感。如今，培育一个民族文化的自信心必须树立文化危机感，这样可以"防患于未然"，为构建健康的文化社会心理奠定基础。这种文化危机意识体现在社会心理层面，则要处理好文化守护与文化批判之间的关系。一方面要对中华民族传统文化有一种自觉的认同，在历史的发展中守住文化民族之根，对传统文化充满自豪感，明晰自身的民族文化身份；另一方面也需要持有一种文化反省、文化批判的态度，只有在反省和批判中才能形成健康的社会文化心理。

传统文化是中国人安身立命的根据，必须从中华优秀传统文化中寻找中华民族的基因和血脉，才能增强民族自信心和凝聚力；必须将对传统文化的自信心自觉融入文化实践当中，在实践过程中凸显民族文化的个性。中华文化的核心价值诉求是"贵和持中，自强不息"。"贵和持中"是中华文化绵延不绝从历史走到今天的重要条件，必须在复杂多变的现实实践中坚守中华传统文化的恒常价值。此外，不能将传统文化理解为是一成不变的、僵死的存在，传统文化在人们的历史实践中是不断生成的，并且处于流变的过程中，人们在解释过去的经历中了解自己，形成共同的文化体验和心理归属，并在此基础上自觉地形成对优秀传统文化的认同和依附，在动态的传承中使中华文化生生不息。中华民族优秀的传统文化是全体中国人参与并创造的文化产品，它构成中华民族之魂，只有守住文化资本，人类安身立命的源泉才能充满生命力，人们才能在全球化的浪潮中找准自己的价值定位，确认并彰显自身独特的文化身份。文化身份认同作为一种文化建构，使中华民族不致迷失在多元的文化潮流之中，在传统与现代、本土化与全球化的张力中不断竞争发展。

一个民族只有在反省和批判中才能对民族文化的发展过程作出客观公正的判断，葆有文化危机意识。因此，必须在坚守传统文化的过程中进行文化反思，在反思中看到传统文化的精华和糟粕，取其精华并发掘传统文化中具有现代意义和价值的因素，才能避免文化的盲目性，建构起真正的文化自信。此外，应该认识到对传统文化的自信必须是指向中国未来的发展，把握未来必须不断反省传统文化，以实现传统文化的创造性转化。创造性转化，就是要按照时代特点和要求，对那些至今仍有借鉴价值的内涵和陈旧的表现形式加以改造，赋予其新的时代内涵和现代表达形式，激活其生命力。创造性发展，就是要按照时代的新进步、新进展，对中华优秀传统文化的内涵加以补充、拓展和完善，增强其影响力和感召力。传统文化的创造性转化是对传统文化中陈旧落后的元素的扬弃和对优秀文化元素选择的过程，即否定其中不合理的旧因素，依据时代的要求，重估新文化元素的人文价值。中华传统文化在一代又一代的传承中不断延续，必须从全球化的视角出发并结合今天的社会发展现实，按照时代的新进步和新发展去不断丰富中华文化的内涵，实现中华民族传统文化的民族性与时代性的统一，民族性使中华文化更具独特的魅力，而时代性恰恰更能使文化走向世界。因此，只有树立文化危机意识，才能在继承民族文化传统的基础上提高警惕，使中华民族更能在未来的文化竞争中保持定力，赢得发展的优势。

其次，加强文化开放意识，在中国与世界的文化互动中强化民族文化认同感。全球化使得世界各国的交往更加频繁，国家民族间的交流与合作成为未来世界发展的基本图景。世界各民族不但在经济上相互连接，文化交往也日益频繁。在此情形下，中国未来的文化发展应如何对待他者文化？这是如今仍无法回避的重要问题。文化的背后是心理，不同民族文化交流中既体现文化心理的普遍性，也体现差异性。这就要求必须以开阔的胸襟对待外来文化，在跨文化交流的过程中理解不同文化的差异，只有在理解差异的基础上，才能进一步增强民族文化认同感，形成"各美其美，美人之美，美美与共"的开放文化评价体系。

中国要尊重文化差异性和多样性，善于吸收世界不同文化的优秀成分。进入全球化时代，世界各民族都不同程度卷入世界历史的洪流之中，无法孤立发展。文化也同样如此，世界已经成为相互影响的文化村落，在全球化时代没有文化孤岛，文化的时空距离大大缩短，各个民族的文化交流和碰撞变得更加频繁。任何一种文化想要获得自身更大的发展与进步，都离不开世界对其他国家、民族精神文化的学习，因此，必须克服二元对立的思维模式，辩证地看待自己与相反的他者的身份的建构，使自我与他者处于相互促进的动态的辩证发展的过程中。从社会心理层面看，无论是文化自大还是文化自卑心理，都是将"我的文化"和"你的文化"做了泾渭分明的人为区分，这势必造成文化普遍性意识的缺失。文化之间的绝对对立使得文化被限定在一个封闭的圈子中而失去发展交流的可能空间，国家之间也因价值观的绝对对立而产生文化冲突。塞缪尔·亨廷顿认为未来的新世界里最普遍的冲突不是社会阶级、经济集团划分的冲突，而是不同文化实体之间的冲突，而最危险的文化冲突是沿着文明的断层线发生的那些冲突。这种思维方式是站在文化对立的角度看待世界文化交往，仅看到了非西方文明对欧洲中心文明的挑战，未能看到国家之间可以在文化差异性的角度实现求同存异。因此，认识自我必须借助他者的眼光，才能在对比之中获得自身文化存在的价值，形成对本民族文化的认同感。站在文化差异性的基础上，人们往往会借助文化比较对本土文化进行评价，并在比较的过程中达成对自身文化的确认并获得对本民族文化情感上的满足。在世界历史的层面扬弃狭隘与片面的地域性和民族性、自我与他者的关系，通过对他者文化的认知、批判和反思的过程，才能顺应时代的发展趋势，保持开放的文化生命力，更积极地融入全球化发展的浪潮中。

不同民族的文化必须平等互鉴，在交往中弘扬自身文化特色，提升中华民族文化认同感。文化自信是在经济全球化的进程中不同民族文化相互交流的产物，是中华民族文化在走向世界的过程中形成的对中华民族自身认可的一种心理状态。当前，我国积极构建文化自信，中华民族文化在走向世界的过程中必须构建正确的评价体系，一方面自我与他者的文化都同处于"人类命运共同体"之中，对自身文化的认知和发展离不开与他者的交往，因此每个民族都要积极培养共同价值。人类命运共同体理念，是一种基于人类命运思考而形成的一种健康的未来发展意识。从人类命运共同体的整体关切出发，要美人之美，善于了解、欣赏别人的文化，了解世界上其他民族优秀的文明成果。在平等中寻求对话、合作和交流的契机，在交流中汲取其他民族的优秀文化成果，将优秀的外来文化融入中国文化之中，解决中国的实际问题，同时也要增强对中国文化的自信心，取长补短实现文化的共生和繁荣。而另一方面不同民族文化应避免文化霸权主义和保守主义的极端立场，在文化差异中自觉调整文化心态，形成一种开放、包容、成熟的文化心态，达到相互沟通了解、美美与共、共同发展的效果。未来的文化交流必须在多元的文化中建立和而不同、兼容并蓄的文化关系，而中国文化具有极大的包容性，面对全球化浪潮能够以博大的胸襟对待其他民族的文化，能够在寻求共性的基础上找准自我文化的发展方向，向全世界展示中华民族文化的独特魅力。

最后，增强文化自觉意识，涵养文化交往中的平常心。在人类整个文化生活中，文化的变化是最为缓慢的，因而也具有相对稳定性。因此，应该端正文化心态，增强文化自觉意识，避免急功近利、急躁冒进的心理，应该尊重文化发展的内在规律，涵养文化建设实践的平常心，构建出一种绵实厚重、充满生机活力并体现时代精神的新文化。

文化自觉作为文化自信的基础，它是文化自信的心理关涉，表征着人们在文化上的觉悟和觉醒，以及对文化的地位、作用及实践规律的深刻认识和准确把握。文化自觉，只是指生活在一定文化中的人对其文化的"自知之明"，明白它的来历、形成过程，在生活各方面所起的作用，也就是它的意义和受到的其他文化的影响及发展的方向。文化自觉意识的培养必须立足本民族的文化,明晰自身的文化身份。只有在认识自身文化并且理解所接触到的多种文化的基础上,才能在多元文化中找准自己的定位,通过主动适应外部文化环境,与其他民族的文化取长补短,建立起真正的文化自信。

在如今这个时代,民族文化自觉需要在全球化的普遍交往中形成,21世纪的全新格局意味着中国自身也需要重新定位中华文化对世界的意义,中华民族必须基于悠久的历史文化传统,立足于优秀的传统文化,并在与世界文化的交往中形成弘扬自身优秀民族文化的自觉。每个文化都有自己的历史传统,在人类全球化历史开启之前,由于交通的阻滞及生产力水平的限制,各个民族都处于传统的生产方式和离散时空发展的阶段,其文化也都是在相对闭塞的环境中形成的,各个国家的义化都呈现出鲜明的民族性色彩,都有其历史存在的合理性。因此,从文化的民族性发展来看,每种文化并无高下优劣之分,不同的文化积淀使每个民族都形成具有自己特色的文化发展道路,世界上并无抽象的、超历史的抽象的文化形态。不同的民族文化为世界上多元的文化形态贡献出了独特的文化价值,这种价值是任何其他文化所无法取代的。

在各个民族对自身文化认同的基础上,既要看到中华文化具有独特的个性价值,也要看到世界各民族文化发展的普遍性,去进一步发现民族传统文化与世界其他文化之间所存在的共性价值。此外,特殊性与普遍性之间的张力使得在文化的交流的过程中不能固守自身的文化传统,更不能盲从模仿其他民族文化。中华文化在跨民族的文化交往中要自省,自主地判断、对照和反思不同民族文化,保证本民族的文化个性不被同化,在形成自己话语权的基础上继续本着发扬本民族文化的原则,与其他民族文化取长补短。增强文化自觉意识将有利于建构中华文化在世界文化交往中独立、自主的地位,使中华民族文化散发自身魅力,同时抓住文化发展的时代机遇，让民族文化真正赢得未来。

面向未来，中华民族文化复兴的任务具有长期性和艰巨性，坚定文化自信需要一个循序渐进的可持续过程，这就需要涵养文化建设的平常心。从个体层面看，平常心是指主体不被感性世界的欲望所束缚，拥有超脱于感性世界之上的独立、自由的人格，为人处世不骄不躁。从社会心理层面看，坚守文化自信要葆有一颗平常心，即应避免急功近利的心态，面向人类发展未来在全社会树立平等、互鉴、对话、包容的文明观。这里所说的平等、互鉴、对话与包容，正是文化交往平常心的系统展开。坚持文化平等，这是达成有效文化对话的前提，人类文明是以多样性呈现于世界的，唯其具有个性，文化间的对话才成为必要。这既是人类社会发展的客观事实，也是人类社会生生不息、得以发展的内在动力。坚持文化互鉴，文化才能够提升品质。所谓"互鉴"，就是互相鉴别、互为借鉴、取长补短。在全球化时代，一种文化只有不断吸收改造外来文化并使其成为自身文化体的有机部分，才能够生生不息。坚持文化对话，文化才会取长补短、葆有活力，要看到任何一个民族的文化都是个性和共性的统一。坚持文化包容，才能增进不同文化形态之间的理解和信任，相互尊重彼此的文化价值关切，促进不同文明和谐共生，构建出各种文明兼容并蓄的和谐世界。

文化是一条河，从过去经现在流向未来。面向未来的中国文化发展，要通过鲜明的问题意识来培育民族文化自觉，以坚定的文化自信确证自身文化存在的意义，促进文化的繁荣发展，尤其要明确"中华文明对于未来人类文明发展的可能贡献是什么？中国可以向世界输出的主流价值观是什么？"以此来确立文化发展的未来意识，真正使中华文化成为有特色、有生命力的文化。从未来向度看，文化自信反映了中国共产党和中国人民对中国特色社会主义文化发展规律的准确把握，对文化使命的自觉担当，对未来文化趋向的深刻考量，形成了一套完备的文化价值系统，成为指引中华民族伟大复兴的航标。文化的全面繁荣兴盛是民族复兴的深刻价值旨趣，民族复兴既是历史的重托、现实的责任，也是未来的选择。文化自信承继历史先进文化、指导现实文化方向、引领未来文化发展，在与三重时空的价值对接中积淀起推动中华民族伟大复兴的深沉力量。

第三章
文化自信的基础地位

　　文化是熔铸在一个国家、一个民族生命中最深沉的力量，是一个国家、一个民族区别于其他国家、民族最鲜明的价值特质，更是一个国家、一个民族在世界全球化发展进程中走向繁荣兴盛的重要标尺。

　　文化自信的基础性来源于文化本身的基础性，任何道路、理论、制度的生成和发展都离不开特定的文化土壤，都是历史积淀和文化传承的必然结果。文化自信的基础性，就在于文化自信构成了道路自信的文化积淀、理论自信的价值内核、制度自信的精神要旨，构成了中国道路、中国理论、中国制度的意义阐释系统，涉及对中国特色社会主义核心意义世界的价值建构，涉及人们对中国道路历史依据和现实研判的认知程度、对中国理论实践依据和发展指向的理解程度、对中国制度内生逻辑和价值机理的把握程度，涉及人民能否产生和保持对中国特色社会主义的思想认同、价值认同和情感认同。

　　纵观世界历史，没有一个文化贫瘠的民族自立于世界民族之林，也没有一个民族在对自身文化持怀疑、自卑甚至鄙视态度时能够实现振兴。只有对中国特色社会主义具有深度理解和高度认同，才能万众一心、众志成城，生成中华民族永续发展的基本力量。在中国特色社会主义实践探索中，文化自信既具有广泛性，汇聚着中华民族前进更持久的力量；又具有厚重性，沉淀着中华民族复兴更深沉的力量。文化自信不仅注重优秀传统文化与革命文化的创造性转化与创新性发展，而且注重社会主义先进文化的现实演进和升华，旨在实现以爱国主义为核心的伟大民族精神和以改革创新为特征的时代精神的深度对接。因此，要积极倡导文化自信，注重以文化人、以文运牵动国运，以对现代人生存方式的塑造改变中华民族时代命运。

第一节　文化自信是道路自信的深层价值根基

中国道路本身就是基于中国历史、现实和未来的正确文化选择，蕴含着中华民族持续前进的深层价值机理。中国优秀传统文化对中国道路的滋养、优秀革命文化对中国道路的精神支撑及社会主义先进文化对中国道路的价值引领，使得中国道路愈加坚定、有力、蹄疾步稳，中国道路才创造性拓展了发展中国家走向现代化的途径。

作为中国共产党领导中国人民在改造社会的历史实践中做出的一种文化选择，中国道路的生成发展根源于合规律性与合目的性的文化机理。从合规律性意义上说，中国道路是顺应中国历史发展规律的文化选择，是对中国内在文化逻辑的本体论追问。中国道路发端于近代以来仁人志士对救亡图存的探索，从"器物不如人"到"制度不如人"再到"文化不如人"的历史追问，直至新文化运动才触及旧中国积贫积弱的源头，催生了马克思主义的传播和中国共产党的诞生。中国人民在革命和建设道路上几经磨难，苏联式的革命道路之所以不能完全移植到中国，是因为广大农民是中国历史的建构主体，农业文化的主导性塑造了中国以农村为中心的革命道路；西方式的现代化道路之所以不适合中国，是因为中国自古以来形成的集体主义情愫不适应西方个人主义至上的价值逻辑，所以只能在中国特定的文化时空中把握中国道路的独特走向和行动逻辑，这符合中国社会发展的内在文化规律。从合目的性意义上说，中国道路符合人类解放的终极价值，展开了对人类文化发展前景的价值论求索。马克斯·韦伯曾做过一个社会学假说，认为中国没能走上资本主义道路的原因，在于中国的儒教和道教所孕育的保守主义的文化精神阻碍了社会理性化的进程。然而，从另一个角度看，中国传统的伦理本位社会所倡导的"天下为公"的公义理想、"先天下之忧而忧"的天下情怀、"民为贵，社稷次之，君为轻"的民本追求，客观上促进了中国传统文化与倡导人民性的马克思主义的契合，形成了中国独特的文化精神。这种文化精神不仅符合人类解放的终极理想，而且顺应了世界全球化趋势下"类本位"的价值追求。就连"历史终结论"的提出者弗朗西斯·福山也不得不承认中国道路的现实生命力，从而展开对"历史终结论"的反思。中国道路给那些既希望加快发展又希望保持自身独立性的国家和民族提供了全新选择，为解决人类问题贡献了中国智慧和中国方案，事实上实现了对"历史终结论"的终结。从中国道路合规律性与合目的性的文化选择中，可以看到道路自信与文化自信的互释效应：当中国国力衰微、道路迷茫、任人宰割时，中国文化即使再有往日的辉煌，也会成为饱受诟病的精神遗产，中国人必然背上文化自卑的沉重心理包袱。当中国找到并沿着这条正确道路披荆斩棘、奋勇向前，不断昭示中国和世界发展的美好前景时，中国的传统文化将不断被激活和再造，中国现实创造的文化也将成为效仿的对象，而改革开放40多年来的成功实践也使中国在文化心理层面又找回了曾经的自信，积聚起自信、乐观、豁达、向上的精神状态。因此，中国道路正确的文化选择释放了文化自信，文化自信奠定了中国道路自信的深层价值根基。

1. 文化自信蕴藏着中国道路的文化基因

与生物基因规定物种的生命遗传一样，任何一个民族的发展都有其特定的文化基因，规定着这个民族特有的社会遗传方式。中华民族在长期历史发展和文化积淀中形成了本民族特有的生活方式、风俗习惯、价值观念和文化传统，形成了中华民族历久弥坚的文化传承。中华文明之所以成为人类历史上唯一没有产生断层的文明，就在于中华民族的文化基因无比强大，它可以在改朝换代的历史淘洗中始终保留中华民族生生不息的精神密码。这种独特的精神密码就是中华民族区别于其他民族的本质特征，就是中华民族绵延不绝的文化基因。

第一，优秀传统文化是中国道路自信生成发展的历史渊源。在中国文化发展历程中，中国传统文化曾饱受质疑。自鸦片战争以来，中国逐步沦为西方列强瓜分的对象，在被迫卷入西方现代世界体系的进程中，中国人在接受西方文化的同时展开了同传统文化的深度决裂，将传统文化视为中国积贫积弱的总根源，从戊戌变法、辛亥革命直至新文化运动，全盘西化和完全抛弃传统文化的两大思潮同时达到顶峰。中国共产党人是中国优秀传统文化的继承者，但有人却认为作为共产党指导思想的马克思主义是异域文化的代表，与中国传统文化具有质性差别，由马克思主义及其中国化理论成果导引的中国现代化进程本身就是一个与中国传统文化渐行渐远的过程。其实，中国道路是马克思主义同中国具体实际相结合的道路，一切试图割断中国传统文化与中国道路关系的主张，都是不符合历史事实的，本身就是反马克思主义的。马克思指出："人们自己创造自己的历史，但是他们并不是随心所欲地创造，并不是在他们自己选定的条件下创造，而是在直接碰到的、既定的、从过去承继下来的条件下创造。一切已死的先辈们的传统，像梦魇一样纠缠着活人的头脑。"马克思主义向来主张革命的历史主义，反对将历史和文化传统相割裂。中国在长期封建社会中，创造了灿烂的古代文化。清理古代文化的发展过程，剔除其封建性的糟粕，吸收其民主性的精华，是发展民族新文化提高民族自信心的必要条件，但是绝不能无批判地兼收并蓄，必须将古代封建统治阶级的一切腐朽的东西和古代优秀的人民文化区别开来。如今，在坚定道路自信的进程中，必须细细品味中华优秀传统文化赋予中国道路的宝贵营养。中华优秀传统文化实质上从文化层面回答了"我们是谁"这个根本性的认同问题，融汇了每个人灵魂中最深刻的民族自我意识，成为中国人实现文化自信的独有精神资本。在中华民族走向现代化的复兴道路上，这些独有精神资本以其独有的思维方式、价值理念和表达逻辑为中国走出一条不同于西方的现代化道路贡献了智慧，成为树立道路自信的历史文化养分：如"天人合一"的生态理想有利于化解中国现代化进程中的生态矛盾；"自强不息、厚德载物"的进取精神激励中国人民以不屈不挠的坚定意志投身现代化事业；"遵道守仁、兼济天下"的民族价值追求培育了中国现代化的共享精神和人民情怀；"多样一体、和合共生"的民族大同理想涵养了中华民族共同体乃至人类命运共同体的价值愿景。这些优秀的文化基因深植于中国道路中，增强了中国人民坚定道路自信的历史底蕴。

第二，优秀革命文化是中国道路自信生成发展的精神支撑。中国道路是在以中国共产党为统领的民族革命斗争中拼争出来的历史成果，时时处处受到优秀革命文化的滋养。无论是领导中国人民实现民族独立和解放的革命时期，还是领导中国人民推进社会主义现代化的建设时期，中国共产党始终坚守"为人民谋幸福、为民族谋复兴、为世界谋大同"的初心和使命。优秀革命文化正是在这种初心和使命的指引下，开启了更契合和平年代社会生活的价值重构，实现了由"砸碎一个旧世界"到"建设一个新世界"的历史转型。面对新的时代使命，革命文化的精神火种始终保持着旺盛的生命力：革命理想高于天及对共产主义的坚定信念，在新的历史条件下成为坚持和发展中国道路的前进动力；把中华民族的利益看得高于一切的民族情怀，在新的历史条件下成为实现中华民族伟大复兴中国梦的坚强支撑；全心全意为人民服务的人民情怀，在新的历史条件下转化为以人民为中心的价值实践。对中国道路的自信，来源于革命斗争实践和革命文化的深厚底蕴，来源于中国革命文化所代表的历史发展的正确价值取向。长征精神、延安精神和西柏坡精神作为永恒的革命文化基因，融汇进中国人民的精神血脉中，不断激发当代中华儿女的爱国情怀和奉献精神，催生了铁人精神、雷锋精神、载人航天精神、抗震救灾精神和北京奥运精神，为中国道路的开辟和发展注入了源源不断的红色营养。

第三，社会主义先进文化是中国道路自信生成发展的时代动能。社会主义先进文化对中国道路自信的影响可以从理性和价值双重层面来审视。理性层面诉诸生产力标准，指先进文化在塑造中国的道路上对生产力和社会发展总水平的效用；价值层面诉诸人的发展标准，指先进文化在塑造中国的道路上对人的发展与价值实现的效用。从理性层面看，改革开放孕育的以发展为核心的社会主义先进文化决定了实现跨越式、可持续发展是中国道路的时代主题。改革开放是为了实现更好的发展，摆脱新中国成立时经济发展水平和人民生活水平依旧落后的面貌。从价值层面看，改革开放孕育了以人民为中心的社会主义现代性文化精神，决定了中国在实现现代化进程中必须以实现好、维护好、发展好广大人民的利益为最终目的。中国现代性文化精神区别于西方国家现代性的本质，就在于始终坚持以人民为中心的价值尺度，把是否满足广大人民的需要作为评价现代化成败的根本标准。正因为如此，中国道路不仅创造了世界第二大经济体的辉煌，而且创造了7.4亿人脱贫的奇迹，使忍饥挨饿、缺吃少穿、生活困顿这些几千年来困扰我国人民的问题总体上一去不复返了。中国道路把建成惠及十几亿人的全面小康社会、实现中华民族伟大复兴写在自己的旗帜上，社会主义先进文化的人民情怀为中国道路注入了强大的公共价值旨趣，成为坚持道路自信的价值根基。

2. 文化自信凝结着中国道路的价值内核

我国倡导的文化自信，是以马克思主义为指导的社会主义文化自信，而不是别的什么文化自信；"社会主义"不是简单的修饰语，而是规定了文化自信的根本性质。文化自信的核心是对社会主义核心价值和本真精神的自信。在中国特色社会主义的伟大进程中，承担着艰巨的塑魂工程，只有做到立场坚定、旗帜鲜明、始终不忘初心，才能从容应对国际国内的大是大非问题，保证中国道路沿着正确的价值取向和发展方向不断前进。文化自信之所以凝结着中国道路的价值内核，就在于文化自信的核心与灵魂就是社会主义核心价值观自信；社会主义核心价值观决定了一个民族文化选择的标准、文化传承的取向和文化发展的归宿。社会主义核心价值观是文化软实力的灵魂、文化软实力建设的重点，是决定文化性质和方向的最深层次要素。社会主义核心价值观从国家层面倡导"富强、民主、文明、和谐"的价值目标，指明了"建设什么样的国家"；从社会层面倡导"自由、平等、公正、法治"的价值取向，指明了"追求什么样的社会"；从个人层面倡导"爱国、敬业、诚信、友善"，指明了"培育什么样的公民"。它还从价值观层面系统地回答了"什么是中国特色社会主义""怎样建设中国特色社会主义"的一系列重大的、基础性的、全局性的问题，解读了中国道路根本性的价值取向、价值标准和价值选择，明确规定了中国道路自信的价值逻辑。

在全球化时代，世界政治经济秩序深度变革，思想文化领域的交锋深刻复杂，社会主义制度与资本主义制度长期共存，两种制度间的斗争由显性武力比拼、军备竞赛转化为意识形态和价值观念上的深度较量。谁拥有更加完备的社会价值系统，谁的核心价值观对它选择的发展道路更具有阐释力，谁的文化价值理念对其他国家更具有说服力，谁就能赢得本国人民的拥护，就能在国际竞争舞台上占据主动地位。以美国为首的西方势力从未放弃通过思想文化和价值观念渗透实现其西化、分化中国的图谋，他们借助公共舆论平台，通过宣扬"普世价值"诱导中国人特别是青年一代尊崇西方的生活方式、社会制度和价值观念，向往西方现代化发展道路，也借此污化甚至试图颠覆中国道路，抽离支撑中国道路的文化价值系统，试图使中国在多重思潮的价值混乱中失去道路选择的主动权。大力倡导中国特色社会主义文化自信，就是要建构中国特色社会主义的价值阐释系统，旗帜鲜明地指出中国道路应坚持的方向，牢牢掌握意识形态主动权，以坚定的文化自信和价值观自信推动中国道路披荆斩棘、行稳致远。

3. 文化自信构成中国道路持续推进的精神动力

文化自信归根到底是一种民族文化心理的积极建构，它折射出中华民族深远的理想追求，有利于激发中国人民昂扬向上的精神风貌，是中国人在中国道路上持续前进的精神动力。其一，文化自信引领中国人实现文化精神层面的自我觉醒，进而实现对中国道路的自我肯定。自鸦片战争至新中国成立，中国谋求政治独立的过程也是谋求文化独立的过程，而且文化独立比政治独立更艰难、更长远。改革开放以来，中国道路充满发展活力，中国人开始科学评价自身的历史和文化，在实现文化独立基础上逐步确立了文化自信。进一步说，文化自信又是文化独立的升华，它指引中国人正确认识自身的民族文化身份，增强道路选择的坚定性，树立沿着中国道路持续前进的信心和希望，并逐步以自身独立的价值文化系统阐释中国道路的历史合法性与时代合理性。其二，文化自信激发了积极、平和的文化发展心态，进而塑造了中国人走好中国道路的精气神。文化自信是走好中国道路应有的精气神，它的作用在于：树立方向引导、凝聚民族精神、提供思想资源、倡领道德新风、激发向上力量、促进道路拓展、彰显中国故事等。精气神本是中医专业用语，泛指通过激发人的生命体的内在活力，调整生命活动自动控制系统，使之接近更加健康的境界。在这里，精气神指由对文化深度认同、肯定、坚守而带来的对于中国道路实践开展的昂扬精神面貌。从历史上看，当一个国家的国民对本民族文化充分认可、对国家未来发展充满希望的时候，其积极向上的精神面貌就会转化成实践创造的巨大力量。比如，新中国成立初期，人民以翻身当家做主的豪情与建设新国家的热忱创造了数不胜数的建设奇迹；再比如，改革开放以来，中国之所以能展示"中国速度"，创造"中国奇迹"，是因为改革开放极大地解放了人民的思想，使人民迸发了创造活力。在如今这个经济全球化、文化多样化的新时代，中国的经济发展和文化认同深受西方的影响与冲击，传统文化与现代文化、西方文化与东方文化在同一历史时空中碰撞和激荡，文化交流的不对等性和损益的不可知性，增强了国人的文化焦虑感，产生了文化碰撞焦虑症，成为抑制中国道路持续推进的瓶颈。文化自信的深厚力量，就在于通过对优秀传统文化、革命文化、社会主义先进文化的价值澄明，牢牢掌握多样文化碰撞中的中国主流文化话语权，逐步破解人们在心理层面产生的文化焦虑，重塑人民的精神信仰，以文化力量赋予人们昂扬的奋斗热情和勤勉的工作精神。以高度的文化自信滋养坚定的道路自信，才能以昂扬的精神状态持续投身到对中国道路的探索和践行当中，不断谱写中国道路发展的新辉煌。

第二节 文化自信是理论自信的内在力量源泉

理论自信就是对不断发展着的中国特色社会主义理论体系的自信，就是对马克思主义及其中国化理论成果的自信，这种自信根本上来源于对马克思主义文化精神的自信。

任何一种理论的生成发展都有其特定的文化渊源。理论形态本质上就是一种特定的文化形态，反映了一种体系化的文化共识，是结合时代条件进行文化选择的结果。自马克思主义传入中国，并与中国的工人运动相结合，就成为近代中国先进知识分子和工农群众改造中国社会的强大理论武器。五四新文化运动从文化层面实现了近代中国的深层启蒙，成为中国走向现代性的重要标识。应当说，新文化运动的文化启蒙为共产党的诞生与马克思主义的传播创造了条件，但并未真正实现中国人对马克思主义的文化选择。因此，中国共产党在成立初期以马克思主义为指导展开了一段新的启蒙叙事，确立了马克思主义主体文化，在长期的中国革命和建设实践中，始终坚持以马克思主义为指导，中国化的马克思主义理论成果相继应运而生，成为今天树立理论自信的核心要素。

理论自信之所以可能，是因为中国化的马克思主义理论指引我国建立了社会主义新中国，取得了改革开放和现代化建设的伟大成就，完成了近代以来国家独立、民族解放和人民自由幸福的历史性任务。马克思主义及其中国化的理论成果不但解决了中国面对的历史性课题，而且实现了同中国文化的有机融合。为什么近代以来若干理论思潮都在历史淘洗中湮没，唯有马克思主义屹立不倒？根本原因在于其他理论思潮脱离了中国土壤，甚至出现了与中国传统文化的决裂；而马克思主义作为一种外来理论，非但没有隔断绵延几千年的中华文脉，而且在实践中不断与中国本土文化精神深度融合，并在中国大地上展现出强大的生命力。根据时代需要不断做出新的文化选择，是马克思主义及其中国化理论成果的重要特征，对文化的自信成为理论自信的内在力量源泉。

1. 文化自信赋予了中国人民创立中国理论的历史主动性

在马克思主义传入中国之前，中国先进知识分子为实现救亡图存和民族振兴的宏愿，尝试过各种各样的主义和思潮，改良主义、自由主义、社会达尔文主义、无政府主义、实用主义、民粹主义、工团主义等"你方唱罢我登场"，均未能挽救近代中国之危局。究其原因，是因为在近代那个事关民族存亡的危急关头，在传统向现代转型的历史节点上，随着西方的坚船利炮打碎了中国人的黄粱美梦，中国人感受到中西巨大的文化势差，中华文明毋庸置疑的优越性在中国人的民族心理中逐渐崩塌，中国人引以为豪的文化中心论发生了根本性转换，由文化自负转向文化自卑，在对西方文明的盲目崇拜中，开始对传统文化嗤之以鼻，甚至产生了对民族文化的罪恶感和"赎罪"意识，把传统文化的优秀成果和文化糟粕以文化反思的名义一起扫进了历史的垃圾堆。中国人所尝试的这些主义和思潮，试图在与传统决裂的文化氛围中找寻通往中国未来的现实道路，实际上造成了对中国传统文化的摒弃。这种建基于传统文化清理之上的理论选择，由于抛弃了中国传统文化的根脉，不得不匍匐于西方理论，自然难以实现对中国实际问题的特殊性价值观照，只能在对"主义"的尝试中展开一次又一次的"主义"批判，反复的理论否定使中国人陷入深刻的理论自卑当中，渐渐失去了理论创造的历史主动性。

在中华民族生死存亡的危急关头，马克思主义担起了重塑中国文化精神的历史使命。马克思主义对中国文化有引领和促进效应，可以说马克思主义的传播和运用实现了对中国传统文化的再造。在五四运动以后，中国产生了完全崭新的文化生力军，这就是中国共产党人所领导的共产主义的文化思想，即共产主义的宇宙观和社会革命论。中国化的马克思主义理论的不断创新，不是马克思主义对中国文化"取代"的结果，而是马克思主义与中华优秀传统文化融合的结果。马克思主义之所以能终结西方看不起中国文化的历史，正是因为马克思主义实现了对中国文化的辩证扬弃，在否定中国传统文化糟粕的同时将中国传统文化的优秀果实保留和传承了下来。事实上，马克思主义和中国文化实现了价值互促：马克思主义的传播和实践复兴了伟大的中国文化，中国人也在中国文化的复兴中不断成功推进着马克思主义中国化的进程，创造出符合中国实际的中国理论。在马克思主义中国化过程中，中国人的文化自信日益增强，在更高层次上实现了对中国文化的价值肯定和情感认同，不断释放出强大的精神动能，激发了中国人民创造中国理论的主动性。

马克思主义公共性精神与中华优秀传统文化大同精神的深度融合成为调动人民创造中国理论的价值基础。中华优秀传统文化始终秉承"天下为公"的大同理想和"民贵君轻"的民本追求。马克思主义自诞生之日起，始终指向共产主义这一人类公共价值目标。共产主义既体现了马克思主义意识形态的理想建设，也体现了一种制度上的公共安排，显示了马克思主义意识形态对全人类解放价值目标的自觉追求。两者的深度融合，反映了深刻的人民性本质和公共性追求。马克思主义顺应了中国历史发展的规律，迎合了中国文化集体至上的价值旨趣，最终转化为可供人民群众自觉掌握、自主参与的人民性理论样态。正如马克思所说："理论只要说服人，就能掌握群众；而理论只要彻底，就能说服人。"马克思主义理论之所以能说服人，就在于它本身就是源自人民、代表人民、造福人民的理论，涵养了以人民为中心的主体文化。以人民为中心成为中国文化自信的价值根底，最大限度地调动了人民群众的历史主动性，激发了人民群众自觉追求的生命热忱，使中国理论在广大人民的自主参与和创造中落地生根，结出丰硕果实。

2. 文化自信提升了中国人民发展中国理论的时代创造性

文化自信主要是对优秀传统文化、革命文化和社会主义先进文化的价值认同与精神弘扬。如果没有对一脉相承的文化精神的自信，就不可能获得真正的文化自信。中国文化精神既蕴藏了中国理论基本的价值取向，又激发了中国理论根据时代条件变化而不断发展的创新精神，赋予了中国理论旺盛的创造活力。

第一，中华优秀传统文化中的求新图变与和合包容精神构成了中国理论不断发展的文化底蕴。自近代以来，基于中国在现代化事业上远远落后于西方国家的历史事实，中国传统文化也被冠以"抱残守缺""因循守旧"的价值估判。的确，不可否认，中国传统文化安于守成的怠惰心理、抑制个性的伦理纲常文化很大程度上阻滞了中国迈向现代化的历史进程，给近代以来中国的现代性文化转型带来了许多负面影响。但也不能忽视，中国传统文化中也包含着优秀的文化内核，积淀着革故鼎新、变法图强的文化精神，孕育了和合包容的文化品格。在对中国传统文化进行反思的同时，坚守对中国传统文化的自信成为中国人民创造中国理论的文化动力。《礼记》有云："苟日新，日日新，又日新。"《周易》中说："穷则变，变则通，通则久。"这种人文日新的创新精神、求变图强的进取品格催生了中国历史上一次又一次的改革，使民族火种生生不息。这种创新精神与马克思主义与时俱进的理论品性深度融合，构成马克思主义中国化文化创新的内在基础。恩格斯在100多年前就曾指出："马克思的整个世界观不是教义，而是方法。它提供的不是现成的教条，而是进一步研究的出发点和供这种研究使用的方法。"这充分证明，马克思主义本身就是一个面向实践开放的理论，只有立足中国传统、朝向时代需要、与中国具体实际相结合，才能真正实现马克思主义中国化。中国传统文化的和合包容品格也成为中国理论不断发展的文化积淀，构成了马克思主义中国化的文化基础。任何一个理论要成为一个国家的主导理论形态，都必须实现与这个国家历史文脉的深度融合。马克思主义根植于西方文化体系中的理论形态，之所以能够在中国结出丰厚的理论果实和实践果实，并具有持续创新的时代生命力，既得益于马克思主义的深度开放性，又得益于中国文化的深度包容性。纵观人类文明史，四大文明古国中，古印度文明、古埃及文明、古巴比伦文明都相继在外族文化侵扰中日渐衰微，只留下历史的残垣断壁；中华文明作为人类历史上从未出现断层的文明，其绵延不绝的根由就在于无与伦比的包容性，能在各类文明往来、对话乃至交锋中实现文化互鉴，最终实现对其他文明的自然同化。从历史文化思潮的交流碰撞看，中国百家争鸣的局面虽被"罢黜百家，独尊儒术"所终止，但那时被独尊的"儒术"已经融合了儒、墨、道、法各家精髓。自东汉以来，起源于印度的佛教在中国传播开来，与中国的儒教、道教合流，呈现三方融合的文化盛景，堪称中国文化包容异质文化的典范。从汉民族文明与少数民族文明的关系看，虽然少数民族会在一定时期内于军事硬实力上实现对汉民族的征服，但最终都在文化软实力上被汉民族所同化。在曾经的中西文明的交锋碰撞中，中华文明坚守住了自己的独立性，即使西方列强曾一度瓜分了中国，也没有从文化上真正征服中华民族。时至今日，越来越自信的中华民族显示了更大的开放包容气魄，"独立自主"和"洋为中用"已经成为中西文化交流的基本方针。正因为中国文化强大的包容性，才使得马克思主义能与中国文化深度融合，被赋予中国风格、中国气派。马克思主义必须和我国的具体特点相结合并通过一定的民族形式才能实现。这种"具体结合"关键是要把马克思主义深植中华民族文化的土壤中，顺应中华民族文化的发展基因，在不断发展中国特色马克思主义中树立起理论自信的旗帜。

第二，中国革命文化中承继和弘扬的实事求是精神构成了中国理论不断发展的思想指南。实事求是是马克思主义中国化的思想基础，它承继了传统文化中的经世务实传统，经中国共产党人在革命实践中发扬光大，逐渐作为一种成熟的精神文化体系指引着中国理论的不断发展。"实事求是"最早语出《汉书》："修学好古，实事求是。"后经湘学发扬光大。

船山学派创始人王船山说："欲尽废古今虚妙之说而返之实。"洋务派代表人物左宗棠、维新派代表人物谭嗣同是优秀传承者，教育家杨昌济更是实事求是文化精神的推崇者，他曾在《告学生》一文中明确指出："知则必行，不行则为徒知；言则必行，不行则为空言。"这种实事求是的精神也成为中国革命文化中的一个基本指导精神，成为马克思主义中国化的早期文化基础。正是在对实事求是文化精神的自信中，中国共产党才能冲破把马克思主义教条化、把苏联经验和共产国际经验神圣化的理论窠臼，形成中国马克思主义的理论命题。中国共产党坚持实事求是，夺取了新民主主义革命的伟大胜利，实现了马克思主义与中国实际相结合的第一次理论飞跃；中国共产党坚持实事求是，开启了改革开放和现代化建设的新征程，形成并不断发展着中国特色社会主义理论体系。实事求是已经成为发展中国理论的文化基础，对实事求是文化精神的自信与践行程度标示着中国共产党人的成熟程度，也决定着中国理论的发展质量和水平。

第三，社会主义先进文化中蕴含的改革创新精神成为中国理论不断发展的动力源泉。改革创新精神，是自党的十一届三中全会以来，党团结带领人民在改革开放和社会主义现代化建设实践中形成的一种伟大时代精神，是社会主义先进文化最集中的写照。时代是思想之母，实践是理论之源，改革开放实践蕴含的改革创新精神构成了中国理论不断发展的文化旨趣。与时俱进的文化精神是社会主义先进文化的精神内核，也是马克思主义最重要的理论品质。马克思主义是在实际斗争中发展的，发展马克思主义在于研究新情况，解决新问题。在改革开放实践中，中国共产党带领中国人民在具体实践中先后创立并发展了一系列理论和思想，先后回答了"什么是社会主义，怎样建设社会主义""建设一个什么样的党，怎样建设党""实现什么样的发展，怎样实现发展""什么是新时代中国特色社会主义，怎样建设新时代中国特色社会主义"这一系列事关中国特色社会主义根本性、总体性、全局性的问题，完成了中国马克思主义理论一次次的与时俱进，形成了中国特色社会主义理论体系。锐意进取、勤于探索、勇于实践宣示了改革创新精神蕴含的尊重规律的务实精神、不惧艰险的前进勇气和久久为功的实干情怀，它赋予中国理论发展始终坚守的实践精神，赋予中国人民不断根据实践要求提出新思想、新观点、新论断的理论勇气，成为中国理论发展源源不竭的精神力量。正因为每一次的理论回应、理论创建和理论发展都是秉承改革创新的文化精神诉求，都在回应实践本身的需要中把改革实践推向新的高度，在对共产党执政规律、社会主义建设规律、人类社会发展规律日益深化的认识中阔步前进，才使得理论自信更加坚定，对改革创新精神愈加坚守，实现了文化自信与理论自信在实践基础上的深度价值互促。

3. 文化自信增强了中国人民传播中国理论的价值坚定性

在全球化时代，尽管不同意识形态、社会制度和价值观念的国家、民族之间加强了交流，在一定程度和范围内实现了共存共荣，但这并没有消弭资本主义和社会主义两种社会制度和意识形态之间的对抗和冲突，意识形态之间的激烈交锋越演越烈，呈现常态性、隐蔽性、渗透性和颠覆性的特点。进入 21 世纪，武力侵略的代价将会更加高昂，而经济力量和意识形态的号召力将成为决定性的因素，通过文化扩张和渗透播下思想的种子，这些种子有朝一日会变成"和平演变"的花蕾。因此，必须清醒地认识到，由于历史的原因，中国在现代化进程中仍然处于追赶地位，中西文化势差尚未得到根本扭转，即使西方金融危机和社会矛盾的突显使马克思主义的科学性得以印证，西方资本主义依然以其文化优越感向后发国家渗透自己的价值观念、生活方式和社会制度，凭借西方现代性的文化优势压制多样现代性文化精神的崛起，甚至一度造成了马克思主义在学科中"失语"、教材中"失踪"、论坛上"失声"。"落后就要挨打，贫穷就要挨饿，失语就要挨骂"，面对强劲的西方文化话语，许多媒体不敢理直气壮地表达我国的主流价值取向，导致西方文化深刻制约着国人特别是青少年对本民族主流意识形态的认同。自党的十八大以来，随着国人对中华优秀传统文化、革命文化和社会主义先进文化的自信心日益提升，我国与西方现代性文化精神展开理论博弈的底气也日渐增加，能够有针对性地抵制西方文化和理论思潮的污化与干扰，充满自信地向全世界讲好中国故事、传播中国理论、推介中国方案，在世界各地响起了雄壮的中国声音。

在经济领域，文化自信激励国人在驳斥新自由主义思潮中传播社会主义市场经济理论的先进性。新自由主义的基本主张是完全私有化、全面自由化和绝对市场化。所谓完全私有化，就是国家全部的经济所有权，包括银行、交通运输、基础设施、能源等各领域全部出售给私人，反对公有制。所谓全面自由化，就是在私有制基础上，市场主体可以完全按照自己的意愿从事生产经营活动。所谓绝对市场化，就是让市场在资源配置中发挥绝对意义上的决定性作用，把政府干预因素从市场中全部清除。西方新自由主义对中国理论的干扰主要表现为：一是把中国从计划经济向市场经济的转变说成是向资本主义的转变；二是对中国经济体制改革中"非公有制经济也是市场经济的重要组成部分"的表述刻意进行片面误读，称为试图完全私有化的"前兆"，却闭口不谈中国始终在强调的公有制的主体地位和国有经济的主导作用，企图煽动中国社会对公有制的不满情绪；三是将中国经济体制改革中"市场在资源配置中起决定性作用"的表述和"更好发挥政府作用"的表述任意割裂开来，试图动摇中国特色经济理论的根基。社会主义市场经济理论首次把社会主义和市场经济有机结合起来，堪称前无古人的经济理论样态，对此我国也曾迟疑彷徨，这种迟疑彷徨的根由在于：一方面，西方现代性的历史成功及这种成功产生的巨大文化优势让人神往；

另一方面，西方现代性的私有化本质给社会带来了各种危机，令我国不得不考量西方文化是否具有合理性。40 多年改革开放的实践证明，诞生于中国文化土壤上的中国特色社会主义市场经济体制创造了中国经济发展的奇迹，印证了社会主义市场经济的生命力，印证了中国集体主义文化逻辑与市场手段结合的合理性。在"中国崩溃论"不断"崩溃"的同时，周期性金融危机把中国人曾经的迟疑彷徨还给了新自由主义，马克思主义政治经济学在中国文化高地上重回理性和价值的制高点。中国人用自己的自信有力回击了新自由主义，并且在金砖国家峰会、亚非峰会、G20 峰会等多边场合，理直气壮地宣扬社会主义市场经济理论的精神要义，中国故事的经济篇章令世人神往。

在政治领域，文化自信鼓舞我们在抵制宪政民主思潮的同时传播社会主义民主政治的优越性。西方宪政民主本质上是资产阶级宪政，其基本要素有三点：一是多党制，实行两党或多党轮流执政，以党团背后的经济实力保证在选举中获胜；二是三权分立，实行立法权、司法权、行政权相互制约和平衡，在一定程度上对权力有制约作用，但也容易导致各利益集团出于自身利益而罔顾公共利益，互相推诿扯皮；三是资产阶级专政，宪政民主表面上捍卫了民主，实际上不过是资产阶级内部的权力和利益平衡机制。西方宪政民主思潮对中国理论的干扰表现在两个方面：其一，曲解中国的一党执政与民主的关系，以多党制误导人民质疑中国共产党的执政合法性；其二，以三权分立动摇党的领导、人民当家做主和依法治国的有机统一。美国亚裔学者福山认为自由民主国家在现实中正在成为人类问题的最好解决方案，并把西方的自由民主称为"历史的终结"。福山之所以敢以"自由民主制"终结历史，就是因为西方在由传统转向现代的历史转型中掌握了先机，取得了比其他国家毋庸置疑的领先地位，因此，他们形成的政治文化就成为引以为傲的资本和任意评判他国民主程度的标准。虽然作为后发国家，我国在近代落后于西方，但中国共产党带领中国人民却在不到百年的时间里走出了一条比西方更接近人类社会发展前景的政治道路，创造了中国特色的政治文化底蕴。这种政治文化是在进行西方政治道路尝试失败的苦果中凝练而成的，是用无数革命先烈的鲜血拼杀而成的，是人民自觉选择的结果。人民之所以选择这种政治文化，是因为中国共产党来自人民、为了人民，代表了历史发展的潮流和趋势，这种对人民主体政治文化的笃信是西方无可比拟的政治优势。改革开放 40 多年来，中国政治实践所展现的生机与活力，恰恰证明了中国政治文化的先进性及建立在这种文化之上的中国特色社会主义政治理论的优越性，以至福山本人都不得不修正自己的观点："'中国模式'的有效性证明，西方自由民主并非人类历史进化的终点。人类思想宝库要为中国传统留有一席之地。"当前，中国政治与社会的长期稳定同西方国家的周期性民主混乱形成了鲜明对比，中国政治文化不断确认和发展着中国政治理论的自信，中国的民主理论日益成为亚非拉国家民主改革考虑和效仿的对象，马克思的民主理论与中国政治实际有机结合的中国特色政治理论正展现出前所未有的生命力。

在思想文化领域，文化自信引领我们在认清普世价值真面目中传播人类共同价值理论的公共合理性。所谓的西方普世价值，就是根植于西方历史实践，反映着垄断资本的利益和意志，以"普遍适用性"为自我包装，以思想观念渗透为切入点，企图在全球公共生存境遇下实现意识形态同化，进而谋求全球霸权统治的一整套意识形态和价值观念。普世价值从抽象人性论出发，夸大人性的普遍性，追求抽象的价值普遍性和价值永恒性，刻意混淆价值和真理的区别，诱导人们把任何一种具体价值当作普遍真理并予以接受，其实质是打着"普遍性"的幌子输出其资本主义的意识形态和价值观念，以达到称霸世界的政治目的。普世价值本质上是西方文化同化的产物，以"普世"作为外包装，争取道义制高点，刻意淡化马克思主义意识形态，妄图使我国再度陷入民族文化自卑和对西方文化的盲从中，直接威胁到我国"举什么旗""走什么路"的根本性问题。事实上，中国的开放进程，始终伴随着与西方资本主义文化的博弈、吸纳与扬弃，一方面以高度的警惕性抵制西方意识形态的渗透，另一方面以高度的责任感寻求着人类共同的价值寓所。共同价值是构成人类命运共同体的思想基础，也是中国共产党人基于对人类共同的利益做出的重大理论创新。共同价值理论的核心要义是在尊重世界文化价值多样性基础上，基于人类面对的共同生存发展问题而形成的价值共识，它尊重各国各民族多样化的文化价值选择，旨在追求多样价值间的最大公约数。对中国传统文化和马克思主义文化精神的自信是创建共同价值理论和抵制普世价值思潮的文化根基。中国传统文化提倡"和而不同""和合共生""协和万邦"，核心要旨就是要在尊重差异的基础上谋求和平与合作，要在"多"中谋"一"，而不是以"一"统"多"，反对各种价值强制与文化暴力。党的十九大报告指出："要尊重世界文明多样性，以文明交流超越文明隔阂、文明互鉴超越文明冲突、文明共存超越文明优越。"这充分表明，中国人以传统文化的和合智慧实现对西方现代性的文化超越，创设了中国现代性的世界文化理想。马克思主义的文化精神立足于"人类社会或社会的人类"，以"类本位"基础建立"自由人的联合体"、促进每个人的全面发展和人类解放是马克思主义的价值理性公设。作为马克思主义执政党，中国共产党的理论建构不能仅停留在民族国家的范畴，而是要展示对人类的公共关怀。中国共产党始终把为人类作出新的更大的贡献作为自己的使命，这决定了中国共产党必须把为中国人民谋幸福、为中华民族谋复兴的民族使命与为世界人民谋和平与发展的人类使命高度统一起来。正是对马克思主义关怀人类的文化精神的高度自信与深度信仰，提出并践行共同价值、构建人类命运共同体才成为中国特色社会主义理论和实践不可或缺的组成部分。也正因为马克思主义关怀人类的文化精神代表了人类文化价值发展的公共取向，中国提出的共同价值理论和构建人类命运共同体的呼吁才得到越来越多国家和人民的真挚响应。我国没有理由不理直气壮地传播中国理论、讲好中国故事，因为世界对中国充满了期望，中国一定能在新时代谱写人类新的壮丽篇章。

第三节　文化自信是制度自信的核心文化要素

马克思、恩格斯指出，制度只不过是个人之间迄今为止的交往的产物。美国社会学家伊恩·罗伯逊这样描述制度："制度是稳定地组合在一起的一套价值标准、规范、地位、角色和群体，它是围绕着一种基本的社会需要而形成的，它提供了一种固定的思想和行动范型，提出了解决反复出现的问题和满足社会生活需要的方法。"这两个关于制度内涵的界定都指明了一点：制度是基于人的社会交往需要而设定的，制度的存在是为了满足人的交往规范化诉求。因此，我们可以从社会交往维度给出关于制度的理解：制度是指人在社会交往中基于维护公共秩序、化解公共矛盾和实现共同利益的需要而形成和发展的由社会成员普遍认同和遵行的一系列价值准则和行为规范的总和。制度是文化发展的结果，文化的发展水平决定了制度的健全完善程度。著名学者梁漱溟从精神生活层面、社会生活层面和物质生活层面对文化进行了广义的界定。我国文化哲学界也汲取了梁先生的这个界定，把文化理解为人化，包含了人的一切物质实践、社会实践和精神实践创造的文明成果，相应地分为物质文化、制度文化和精神文化三种类型。制度文化是指人在其特有的社会交往实践中为保持个人与群体、群体与群体间关系的确定性而形成和发展的一切制度文明成果。

制度是属人的产物，只有人的交往才有自觉的行为预期，才追求特定的行为规范和理性设计。从某种意义上讲，人的生存发展史就是人类制度演化史，人的行为总是受到各种不同层次的制度规范的影响和制约。总体来说，制度分为三个层次：最高层次表征着不同社会形态，即原始社会制度、奴隶社会制度、封建社会制度、资本主义社会制度、社会主义和共产主义社会制度；中间层次表征着各自活动领域的行为规范，如经济制度、政治制度、文化制度、科技制度等；最低层次表征着各种社会群体的行为规范，如各种具体体制、公约等。这些不同层面的制度都是人的社会实践的产物，它们在一定的文化世界中生成，又在对人们行为的规范中构建着一定的文化世界，在制度执行中形成和传播出特定的文化价值理念，形成特定的文化风尚。也就是说，什么样的文化生态产生什么样的制度生态，一定的制度生态又反作用于文化生态。因此说，文化和制度本身就有难以分割的亲缘关系，文化构成了制度生成发展的价值内核，各种制度间相互区分的本质就在于制度文化的差异，对制度的自信说到底就是对影响制度生成和发展的文化的自信。这也就回答了文化自信作为制度自信核心文化要素何以可能这个基础性问题。

任何制度的生成、运行、发展乃至消亡都有其内在的文化基础，没有核心文化要素的制度只能成为空壳。正如马克斯·韦伯所说："每个国家都有它自己的社会制度和内在精神，前者是一个社会有效运行所要求的一套经济社会伦理规范和法律体系，而后者则包括人们的行为规范、价值目标、奋斗目的等文化观念。"现在所说的制度自信，本质上是对中国特色社会主义制度蕴含的文化价值的自信，是对中国特色社会主义制度背后赖以生长的文化的自信，因此，制度自信的建构必须诉诸文化自信的考量。为什么强调制度自信？正是因为当前中国人对中国特色社会主义制度尚存在许多不够自信和疑虑的地方，产生这种不自信和疑虑的根由就是自近代以来中国人在中西比照中始终处于文化自卑状态，基于这种自卑性文化心理而展开的现代化制度设计自然而然带有"技不如人"的因素。改革开放以来，中国特色社会主义事业作为一种开创性事业，在日益激烈的中西文化交锋中，面对西方建立在文化优势话语之上的制度话语冲击，中国的制度设计和文化价值都面临严峻考验。因此，必须从实际出发，着眼于中国特色社会主义制度展现出的前所未有的活力，认真总结自身的制度文化优势，不断增强发展完善中国特色社会主义制度的信心和力量，以坚定的文化自信打造坚定的制度自信。

所谓制度自信，是指主体在准确把握制度要义基础上，充分认可制度及其内在精神，在制度选择、制度实施、制度评价和制度创新各个方面始终保持肯定性评价，对制度效能及其发展前景怀有积极乐观的心理状态。从逻辑上讲，文化是制度之母，没有无文化支撑的制度；从一般意义上讲，对文化的自信制约着制度自信的全要素和全过程，影响着制度选择、制度实施、制度评价的自信程度。

文化自信决定制度选择的自信。作为文化存在物，人无时无刻不生活在前人实践造就的文化传统中，人在创造历史时的制度选择无不受到这个国家和民族既有文化世界的影响。唯有尊重、认同优秀文化传统并对此保持自信，才能在实践中做出正确的制度选择。在资产阶级开拓世界历史之前，由于视野的封闭，各民族自然而然地将本民族文化看成全部的文化世界，因而在制度选择上往往都忠实于各自的文化传统。然而，在全球化时代，文化世界的民族视野向全球视野跃迁，鉴于西方国家在现代转型中的优先地位，西方制度成为世界许多国家理所当然的首选。由于非西方国家的制度选择往往建立在对本民族文化自卑的基础上，对西方制度的模仿也未必能够适应本民族的国情，片面制度移植后的混乱局面比比皆是。比如，苏联解体后，俄罗斯不顾长期沿袭下来的东正教传统和社会主义文化基因，照搬西方制度模式导致国力大幅衰退；拉美国家罔顾本国实际需要，对西方制度文化邯郸学步，造成了令人扼腕叹息的"逝去的十年"。这些制度选择的失败皆因对本民族文化缺乏正确的认知和应有的信心。其实，各个西方国家在制度选择历程中，虽然进行了相互借鉴，但并没有片面模仿，而是时刻立足于本民族的实际文化传统。英国贵族和王权矛盾导致的妥协中立的民族文化心理，构成了英国国王和资产阶级新贵族并存的君主立宪制政体；法国自古承袭"革命到底"的法兰西精神，他们即便经历多少反复，也要彻底割除封建制度因素，建立起符合资产阶级利益的共和政体。正反两方面的历史事实启示我国，在制度选择中切忌盲目效仿他人，既要注重学习其他国家和民族先进的东西，更要充分考量本民族的文化心理与历史传统，以科学的文化自信确保制度选择的自信。

文化自信影响制度实施的自信。制度由目标系统、规则系统、组织系统和设备系统四个基本要素构成。目标系统规定着制度的宗旨和价值取向，决定制度的性质；规则系统规定制度的基本行为规范；组织系统是指制度贯彻、执行的主体组成的系统；设备系统指制度执行和评价所需的物质条件。其中，组织系统蕴含着制度各系统中人的因素，构成了目标系统落实、规则系统实行、设备系统利用的主体条件。制度是由人制定和实施的，而人不是孤立存在的，总是在历史传承和文化塑造中不断生成和发展，历史文化环境决定了制度执行主体的民族文化心理，继而影响着制度的实施。一些拉美国家之所以在实施"西式民主"中走样而造成社会混乱，就是因为西式民主的价值取向、实施方式难以适应他们长期以来形成的民族文化心理，故而难以落到实处。中国特色社会主义政党制度虽然经常受一些西方人诟病，但它顺应了中国在民族革命斗争中共产党和民主党派形成的团结奋进的友党关系，顺应了中国自古以来形成的肝胆相照、荣辱与共、和合统一的文化价值传统，因而在实施过程中充满自信与从容。文化自信是对民族文化心理的确认和重塑，是通过对既往民族文化心理的顺应和对当下民族文化心理的塑造，不断培育制度实施主体的感召力和执行力，在制度的有效实施中促进制度自信的生成。

　　文化自信制约制度评价的自信。任何制度都有特定的价值评价系统，这个价值评价系统离不开特定的文化语境，如果用此种文化语境中的价值评价系统对生成于彼种文化语境中的制度进行评价，恐怕会得到相反的结论。因此，只有尊重不同社会制度赖以存续的历史文化传统，坚持适合性、尊重多样性、凝聚共识性，才能"求同存异、聚同化异"，对不同文化背景下生成的文化制度给予正确的评价。西方国家提倡"普世价值"，就是妄图用"同一化"标准裁剪各民族丰富多样的历史文化实践，就是变相地输出西方民族的社会制度和意识形态，就是将适合西方本民族价值评价的标准用于评价其他民族建立在不同文化之上的制度选择。这种唯我独尊的制度自信，背后并非真正的文化自信，而是充斥霸凌色彩的"文化自负"。要坚决抵制这种"文化自负"和建立在这种文化自负之上的制度"评价自负"，坚守适合本民族历史文化传统的制度选择，客观公正地评价自己的制度，在取长补短中促进本国制度的创新和完善。一个国家、一个民族，只有对自己的制度文化保持自信，才能持之以恒地推进自己的制度不断发展。因此，在制度评价过程中，要善于从本国制度的成功实践中找寻自身文化自信的基因，培育我国的民族文化自信，塑造成熟的民族文化心理，树立起既符合民族文化范式、又符合人类社会发展方向的制度评价系统。

　　中国特色社会主义制度是中国人民在 170 多年的近现代求索中，在新中国成立 70 多年的执政实践中，在改革开放 40 多年的砥砺创造中形成的符合中国实际的制度设计。这个制度设计既符合以实现现代化为主题的制度建构原则，又深植于中国优秀历史文化传统，还汲取了人类 300 余年现代化进程中积淀下来的制度文明精粹。在中国特色社会主义制度的具体建构中，中华优秀传统文化成为其广阔的历史背景，马克思主义文化精神成为其深厚的文化价值源泉，并且从文化上回答了我们不能照抄照搬西方社会制度的根由。

1. 中国特色社会主义制度深受中国优秀传统文化的价值滋养

历史文化的影响的恒久性既表明中国特色社会主义制度的生成和发展离不开传统文化的给养，也客观上决定了中国在制度建构上完全西化的不可能性。因为不管时间多么恒久，中国制度建构始终无法摆脱中国历史传统积淀下来的特定文化时空。纵使中国传统文化都是从属于封建社会的价值系统，但其中的一些带有公共性指向的文化价值经过现代的创造性转化和创新性发展，依旧能为我们今天的制度建构提供有益启迪，还能在制度文化层面镌刻下属于中华文明范式的文化标识，增进对制度文化传承的历史认同。

中国传统文化"天下为公"的治道理想深刻影响着中国特色社会主义制度的价值目标。《礼记·礼运》篇有云："大道之行也，天下为公。选贤与能，讲信修睦，故人不独亲其亲，不独子其子，使老有所终，壮有所用，幼有所长，矜寡孤独废疾者皆有所养。男有分，女有归。货恶其弃于地也，不必藏于己；力恶其不出于身也，不必为己。是故谋闭而不兴，盗窃乱贼而不作，故外户而不闭，是谓大同。"天下为公，始终是经典儒家文化坚守的政治理想，其提出的一系列王道政治方案都是基于"天下为公"的价值理念而生的。所谓天下为"公"，从经济视角看，体现了原始公有制的雏形，这一经济制度理想也成为中国特色社会主义公有制的原始根据。从政治视角看，天下为公更体现了对原始社会禅让制和政治权力公共性的推崇，郑玄注："公犹共也。禅位授圣，不加之。"孔颖达疏："'天下为公'，谓天子位也。'为公'，谓揖让而授圣德，不私传子孙，即废朱均而用舜禹是也。"这两人对"天下为公"的注解体现了原始社会朴素的治道理想。由于天下为公家所有，因此治理天下也必须"选贤任能"，这就与中国古代对君子"内圣外王"的理想人格道德塑造结合起来，即选拔的人才必须内有高尚人格（唯"贤"才能成王成圣），外有出众才能。这深刻影响了当代中国社会人才选拔制度的推广，特别是以"德才兼备"为主要标准，秉承将公共权力"禅让"于贤能之士的原则，选拔各级政治接班人。中国的这种政治体制就意味着唯有在各个层面上符合理想人格标准，才能获得执掌公共权力的可能。中国"天下为公"的治道理想蕴含着古代先人对"天下"的理解，虽然古人的"天下"也没有超出中华大地的范畴，但他们是从一个个分封而成的诸侯国的视野去审视天下的。也就是说，中国古代的"王道政治"就已超越了"国家"的狭隘概念。这种"天下为公"的情怀给现代中国的外交理念和制度的确立提供了启迪。在奉行独立自主和平外交政策基础上，要以心系天下为己任，积极倡导建立人类命运共同体。"天下为公"的治道理想不仅深刻影响中国内政层面的制度设计，也深刻贯穿中国外交层面国际担当的制度倡议，正在通过"中国声音"成为全世界的制度文化共识，成为涵养制度自信的精神资本。

中国"贵和持中"的传统文化精神深刻塑造着中国特色社会主义制度的思维方式。"贵和""持中"是中华优秀传统文化中紧密联系的两重文化价值。"贵和"就是强调"和谐有序"，万事万物殊异有致，应当注重眼前与长远、局部与整体的内在关联，善于挖掘不同事物的共通之处，促进不同事物之间的融合、协调与平衡，即便是相互对抗的事物也要努力实现二者间的矛盾转化，这就是中国传统文化"尚和合"的文化精义。"持中"就是强调应秉承中庸态度审视和评价万事万物，尊重差异，追求协同。二者的有机结合，构成求同存异、聚同化异的文化基础，成为根植于中国人血液中的审视世界的文化态度。这种文化态度深刻塑造着人们看待世界的思维方式，这种思维方式也深深熔铸于中国特色社会主义制度的建构中。无论是公有制为主体、多种所有制共同发展的基本经济制度，还是强调党的领导、人民当家作主、依法治国有机统一的政治制度，抑或是党委领导、政府负责、社会协调、公众参与的社会治理制度，都在制度设计中有一个共同特征，即注重多样主体、多重方式的协调配合，强调主要与次要、一元与多样的有机统一。改革开放40多年来，中国特色社会主义制度建构逐步摆脱以往存在的偏执型思维，在"中和"之道上不断向前发展。

中国传统文化"民惟邦本"的民本价值追求深刻滋养着中国特色社会主义制度的主线。儒家文化主张仁者爱人，反映在政治建构上就是推行仁政，反对苛政滥刑，阐明了民众对于国家的基础性意义。《古文尚书·五子之歌》中就明确提出："民惟邦本，本固邦宁。"东汉的儒学继承人荀悦则指出："民存则社稷存，民亡则社稷亡。"《淮南子》中有云："民者，国之本也。"荀子则提出："君者，舟也；庶人，水也。水则载舟，水则覆舟。""君舟民水"的典故多为历代统治者居安思危、自我警醒之用。亚圣孟子提出："民为贵，社稷次之，君为轻。"指出民众居于民、社稷、君这一价值序列的首位，因此，他主张在制度设计中关怀民生，主张"藏富于民"，使百姓"养生丧死无憾""黎民不饥不寒"。中国传统文化的民本思想虽然在封建制度建构上没有摆脱"官–民"等级统治秩序，依旧是封建统治者为调和阶级矛盾而贴上的道德面纱，但以民本思想为指导的制度建构也在一定程度上扩大了人民的利益。中国特色社会主义制度深得民本文化的价值滋养，并对民本文化进行了创造性转化，在现代制度体系下打破"官–民"统治秩序，按照中国共产党的宗旨，把实现好、维护好、发展好人民的根本利益作为制度建构的首要价值取向。中国共产党决胜全面建成小康社会的制度设计，全面提升了中国传统民本文化的内涵，在人民共同富裕的旗帜下，既注重民生的普遍性，又注重民生的特殊性，在脱贫攻坚的制度安排中，瞄准了最困难群众的实际需要，对这些贫困群众给予"扶贫""扶智"，在物质生活满足的基础上，促使他们接受教育和享受民主权利，感受人民当家作主的尊严和价值。在中国特色社会主义制度的设计和实施过程中，由于广大人民群众既是制度的服务主体，又是制度的建构主体，为制度自信的不断增强打下了坚实的群众基础。

2. 中国特色社会主义制度深受马克思主义的价值塑造

马克思主义文化精神与中国具体实际相结合，在反抗内外敌人的斗争中形成了革命文化，在新中国建设和改革开放实践中形成了社会主义先进文化，这些文化都深深熔铸在中国特色社会主义制度设计当中。作为中国特色社会主义制度文化的核心，马克思主义文化精神深刻塑造着中国特色社会主义制度的发展主题、发展动力和发展目标。中国特色社会主义制度自信，本质上就是对中国特色社会主义蕴含的马克思主义文化精神的自信。

从发展主题看，马克思主义的人民性文化主题塑造了中国特色社会主义制度的本质特征。马克思主义始终把人民群众视为历史发展的主体——"历史活动是群众的活动，随着历史活动的深入，必将是群众队伍的扩大"。马克思公开宣誓了自己理论的人民性本质，把解放人民的哲学转化为解放人民的革命实践，终其一生都在探索实现人民解放的社会制度，并在理论和实践的结合中培育出马克思主义人民性的文化主题。在马克思主义中国化进程中，中国共产党人不断发展了这一人民性文化主题。人民是一个政治概念，在不同的历史时期、不同性质的社会生活中，人民的内涵是不同的。在无产阶级领导的革命政权的价值视野中，人民是指不同历史时期反对阻挠、破坏革命事业的侵略者和反动派的一切个人、群体和党派的总和。在人民民主专政的社会主义国家中，人民是指有别于极个别敌对势力的广大群众。马克思说："过去的一切运动都是少数人的或者为少数人谋利益的运动。无产阶级的运动是绝大多数人的、为绝大多数人谋利益的独立的运动。"中国共产党人把人民文化主题转化为中国特色社会主义制度文化主旨，构成了中国特色社会主义制度建构的本质特征。其一，为人民服务是中国特色社会主义制度建构的根本原则。"全心全意为人民服务"既是中国共产党的执政宗旨，也是马克思主义政党区别于人类历史上一切政党的本质特征，是社会主义制度自信建构的文化基础。人类自封建时代起就有"人民"这一概念，但在封建国家和资本主义国家中，人民是被统治的对象，即便是把民主写在旗帜上的资产阶级，也只是"口头民主派"，资产阶级口头上标榜是民主阶级，而实际上并不想成为民主阶级，它承认原则的正确性，但是从来不在实践中实现这种原则。全心全意为人民服务，既要把人民当成服务对象，又要在实际制度建构中把人民当成价值主体。中国的人民代表大会制度、共产党领导的多党合作和政治协商制度、民族区域自治制度、基层群众自治制度等都有一个共同主题，即一切国家权力属于人民。这种对人民主体文化的自信和践行就是我们制度自信的源泉。人民之所以对这个制度产生自信，就在于这个制度切实把实现、维护和发展人民利益放在核心地位，能够为人民行使权力、共享福利创造最基本的制度保障。其二，人民评价标准是中国特色社会主义制度的根本评价标准。评价的标准，应该主要看是否有利于发展社会主义社会的生产力，是否有利于增强社会主义国家的综合国力，是否有利于提高人民的生活水平。把人民对制度的满意程度视为评价制度的根本尺度，自然搭建起了从人民性文化自信到制度自信的桥梁。其三，以人民为中心是中国特色社会主义制度的核心发展理念。"以人民为中心"是新时代中国特色社会主义制度发展的价值主线，它继承了中国共产党人人民性文化主题，吸收了中国民本思想的精髓，同时又赋予了"人民中心"的主旨文化新的阐释。社会主义公职人员本身是人民的一员，作为制度执行者又是人民的公仆，他们对制度的履行过程就是落实以人民性为主题的制度文化的过程。在这一过程中，公职人员时刻把人民的利益置于核心地位，不断激发人民对中国特色社会主义各项制度的认同与自信，充分体现中国特色社会主义制度的价值优越性。事实证明，马克思主义人民性文化主题塑造了中国特色社会主义制度区别于人类历史上其他社会制度的本质特征。

从发展动力来看，马克思主义的创新精神构成了中国特色社会主义制度不断创新的主导精神。制度自信不仅包括对现行制度或制度执行现状的信心，而且还包括对制度未来发展走向的信心，因为只有具有创新活力的制度才值得自信。只有大多数社会成员对社会制度的未来发展走向表现出积极看法或充满信心时，即相信社会制度具有自我发展和创新能力，即使社会制度在未来运行时会出现这样或那样的问题，甚至是危机，仍相信社会制度具有自我调整、自我完善的能力，能够通过自我修复、自我革新加以解决，这才表明社会成员具有较高程度的制度自信。中国特色社会主义制度的创新活力，来源于马克思主义创新精神的支撑。始终面向实践不断创新的文化精神，保证了马克思主义永久的生命力。恩格斯指出："所谓'社会主义社会'不是一种一成不变的东西，而应当和任何其他社会制度一样，把它看成是经常变化和改革的社会。"这表明，尽管社会主义制度代表历史发展方向，但其先进性也必须在顺应实践的制度创新中才能不断展现出来。制度创新是制度自信的应有之义，制度自信内在地包含着制度创新的自信。中国特色社会主义制度顺应实践诉求和时代需要，不断进行新的探索，汲取人类一切文明成果以完善自身，随时做出符合现代化发展需要的制度安排，在创新中积极推动国家治理体系和治理能力现代化水平的提升。马克思主义的文化精神确保了中国特色社会主义制度创新的社会主义方向，保持了中国特色社会主义制度创新的前进动力，赋予了中国特色社会主义制度沿着正确轨道创新发展的永恒动力。

从发展目标来看，马克思主义对人类自由的文化追索决定了中国特色社会主义制度始终把保障和实现人的自由作为最高理想。制度是工具理性和价值理性的有机统一体，制度的工具理性在于通过外在规约维护社会公共秩序；制度的价值理性在于通过对社会秩序的维护最大限度保证和促进人的自由，自由是人类理想制度建构的应有之义。马克思指出："一个种的整体特性、种的类特性就在于生命活动的性质，而自由的、有意识的活动恰恰就是人的类特性。"自由是人的类特性，人民自由是人类社会发展的最高境界，也是制度建构的最高理想。马克思主义文化精神脱胎于西方文化传统，但又超越西方文化传统，它第一次把自由的实现建立在对历史规律的科学研判基础上，把自由的权利由少数人专利归还给多数人，并找到了实现人民自由的现实路径。马克思、恩格斯在共产党宣言中指出："代替那存在着阶级和阶级对立的资产阶级旧社会的，将是这样一个联合体，在那里，每个人的自由发展是一切人自由发展的条件。"作为把实现共产主义作为最高理想的中国特色社会主义，自然要把保证和实现人的自由作为其制度建构的首要文化追求。当然，自由的实现总是与一定的社会历史条件相联系，历史发展到什么程度，自由就实现到什么程度。中国共产党是具有高度战略定位和战略定力的政党，在国内层面，通过不断推进国家治理体系和治理能力现代化，实现各种制度的成熟和定型，在制度公共合理性的建构中寻求人的自由实现机制；在国际层面，积极倡导建立人类命运共同体，推动建立公正合理的国际秩序，以自由文化理想浸染国际秩序建构。我国之所以有制度自信，就在于我国制度的目标是高尚的，方向是明确的，设计是科学的，实施是有力的，能够始终按照代表历史发展方向的自由价值取向实现制度完善，能够始终坚持不断优化对人的合理自由的价值观照，通过制度公共合理性建构持续确证和实现越来越多的人的自由本质，推动人的自由全面发展。

3. 中国的文化价值立场决定了我们绝不能照搬西方模式

在这个全球化时代，由于资本主义制度和社会主义制度长期共存，各种思想文化相互交织，西方资本主义国家利用其现代性发展积累下来的文化心理优势，向其他国家特别是向社会主义国家和发展中国家的双重代表——中国兜售其社会制度和价值观念，试图以其文化和制度的"民主"外衣干扰中国人特别是中国青少年的价值选择，让中国青少年因文化自卑转向对本国制度评价的自卑，向往西方发达国家的社会制度，甚至起到逐步颠覆社会主义政权的目的。在这种价值博弈日渐激烈的时刻，更要深挖中国特色社会主义制度背后的核心文化要素。其实，中华优秀传统文化和马克思主义文化精神对中国制度建构的价值滋养已经启示我国：中华优秀传统文化决定了我国与西方不属于同一文明价值体系，中国完全西化是不可能的；马克思主义文化精神虽然脱胎于西方文化传统，但又超越西方文化价值选择，实现了从"个体本位"到"类群本位"的价值飞跃，在把自由发展的权利归还给每个价值个体的过程中实现了对人类解放的价值观照，书写了一种与私有制文化决裂的共产主义的文化叙事。而在长期的文化传播、交流与选择中，中华优秀传统文化与马克思主义文化深度契合，形成了中国化马克思主义崇尚统一、强调大同、尊重集体、重视人民、实现人类解放的文化价值立场，构筑起适合中国国情的中国特色社会主义制度体系的文化根基。

"橘生淮南则为橘，生于淮北则为枳。"我国需要借鉴国外政治文明有益成果，但绝不能放弃中国政治制度的根本。对于丰富多彩的世界，应该秉持兼容并蓄的态度，虚心学习他人的好东西，在独立自主的立场上把他人的好东西加以消化吸收，化成自己的好东西，但决不能囫囵吞枣、决不能邯郸学步。照抄照搬他国的政治制度行不通，会水土不服，会画虎不成反类犬，甚至会把国家前途命运葬送掉。只有扎根本国土壤、汲取充沛养分的制度，才最可靠、也最管用。历史和现实均已雄辩地证明：由于缺乏必要的文化基因，照抄照搬西方制度模式只能走向死胡同；中国特殊文明体系和复杂万千的民族生态构成决定了任何的制度层面的生搬硬套都将走向失败，甚至走向文明的反面。正如十九大报告中所说："世界上没有完全相同的政治制度模式，政治制度不能脱离特定社会政治条件和历史文化传统来抽象评判，不能定于一尊，不能生搬硬套外国政治制度模式。"在世界多样化的制度模式面前，中国制度理应自信，因为中国制度的建构体系、实施方式和评价标准，不仅遵循了现代化规律和历史发展取向，而且符合民族的文化特质和基本国情，既是国家治理体系和治理能力现代化的重要依托，也是人类文明发展史的智慧结晶。

第四章
文化自信的现实功能与价值引领

　　文化，是一切人类族群汇聚自身生存、发展、创新的内在精神的社会现象，是一个国家和民族的灵魂，体现着国家和民族的品格。充分肯定、积极保有和努力践行这种内在精神，彰显自身禀赋和文化价值，是文化生命力的根本体现，是族群文化自信的基本表现。文化自信从内涵上可解构为四个层面：一是民族、国家及政党对自身文化价值的强烈认同与自豪感，是对这个伟大时代的深刻映照和价值引领。二是对自身文化与外来文化的合理扬弃，在应对异质文化冲突时提供坚强的理性支撑。三是对自身文化生命力有着坚定信念，在发展实践中丰富文化、发展文化、繁荣文化，成为提升国家文化软实力的不竭动力。四是铸造全体人民共同的精神家园，夯实社会主义事业的坚实基础，是实现"两个一百年"奋斗目标的必然要求。因此，文化自信的现实功能和价值引领，是其他三个自信的必然结果与目标所在。对中华文化的自觉、自信与自强，从根本上推动了对中国理论、道路、制度的自觉、自信与自强。文化自信的建立使理论自信更富有引导性、道路自信更有行动力、制度自信更有保障性。面对当今世界复杂的、多元的文化体系共存的现状，正确地认识中国现阶段发展实际，把握时代需求，对各种不同文化的本质进行科学地辨识，对传统文化与外来文化进行理性地扬弃，实现文化的理性自觉与自信，有着重要的现实意义。

第一节　文化自信的现实功能

文化是一个国家、一个民族的立身框架，因寓于人们的生活日常、反映人的实践、规范人的行动，故而承载着文治教化的现实功能。文化以价值观念和意义系统来反映并组织世界，以鼓励或禁止的方式促使社会成员形成目标一致的行动方针。文化受众通过定位自我与他人，在集体身份与社会行动中将社会联系在一起，使社会成为一个有秩序的体系。文化以更基本、更深沉、更持久的现实功能将实践、理论与制度融通于一体。正如社会学家所指出的，"大部分的人——不管是不是人类学家——都知道文化包围着我们、支持着我们。它支撑着我们，就像一个建筑物的地基一样。当建筑物建立起来以后，你看不到它的柱子、横梁与钢筋，但是少了它们，建筑物将会倒塌。"文化是一个国家、一个民族的灵魂，也是一个国家、一个民族的信仰、信念的底气和支撑，建立于优秀文化基础上的自信心是一个共同体赖以维系和发展的不可或缺的"良性情绪"，是激励国家、民族、个人从事一切活动、成就自我的精神之源，是蕴含在一个国家的道路、理论和制度背后的深层次的精神追求和精神标识。一个国家、一个民族、一个社会、一个人对自身文化的功能和价值的信念，是文化自信的基本表现。文化自信体现着文化对时代的观照和价值的引领，文化的功能是文化自信的基本前提和重要保障。

一、文化自信源于文化自觉及其功能衍生

任何社会都是多元力量的有机构成，行动者在多元社会力量的塑造

下有多元品质或特征，行动者的主观界定不是私人性的，它以社会共识和社会协商为基础，认同必然是共识协商性的，或者说任何认同都是社会认同。作为社会性动物，人总是需要遵循一定的价值规则而与其他社会成员和谐相处，文化在人的社会生活中起到凝聚社会共识、规范人们言行的价值功能，它可以理解为个体对社会界定其群体成员资格的认同与遵循。

自信源于自知，文化自信首先需要一种文化自我认知，自知基础上的文化自觉是形成文化自信的主观条件。文化是人们对于社会体系及其各个部分的态度，文化"被内化于该社会成员的认知、情感和评价之中"，文化表现为一种社会体系的主观心理部分，是社会行为的基础。文化具有认知、情感和评价三种功能取向。按照阿尔蒙德和维巴在《政治文化》中的理解，所谓"认知功能"，是指关于社会体系、体系的各种角色及这些角色的承担者、体系的输入和输出的知识的信念；所谓"情感取向"，是指对于社会体系、体系中的各种角色、人员和活动的情感；所谓"评价体系"，是指对于社会对象的判断和见解，这些判断和见解涉及知识和情感的价值标准与准绳。一个社会的文化功能在于赋予该社会系统以价值取向，规范个人社会行为，使社会系统保持一致。一个国家、一个民族如果对自身既有、传承、创造、发展的文化的地位作用、文化发展的矛盾关系、文化自信的使命责任等基本文化认知茫然无知、缺乏感悟、无法认同，则或因愚昧而受到文化盲目力量的支配和奴役，或因"文化自虐"而不足以承担使命。

文化自信在深层次上是价值自信，价值自信的最高形式是理论自信。理论自信与文化自信既有区别又有联系，理论自信规约着文化自信，文化自信包含着理论自信。马克思说："'价值'这个普遍的概念是从人们对待满足他们需要的外界物的关系中产生的"。文化作为价值，是一种选择取向，反映了人类的需求、欲望，以及实现这种需求、欲望的方式和态度。不论是马克斯·韦伯高度重视观念和文化在社会创造中的作用，还是涂尔干突出地强调文化、符号和仪式对维系社会所起的重要作用，抑或帕森斯将社会成员所共同具有并得以传播的基本价值观念和规范视为构建社会的关键性因素，无不印证了马克思主义的一个基本观点，即真理为人类文明提供了指导，更为人类社会提供了前进的动力。

新时代的文化自信源于对马克思主义理论的自觉与坚持。马克思主义是人类历史上最值得信仰的理论体系，其原因在于它是真理，它所提供的科学的世界观和方法论是我们认识世界、改造世界的立场、观点和方法，是把握人类社会发展规律，明确人类社会未来形态的理论依据，是了解人生、确立目标的科学基础，是中国革命、建设和改革的思想与行动指南。马克思主义信仰的确立是人类思想史上一次伟大的变革，认识、掌握、捍卫、追求马克思主义信仰的真理性是共产党人的政治灵魂和精神支柱，是中国共产党立于不败之地、永葆青春活力的根本所在。

二、文化自信的功能在于时代观照与价值共识

文化是民族的血脉，是人民的精神家园，也是政党的精神旗帜。我们党是一个具有高度文化自觉的马克思主义政党，在革命、建设、改革各个历史时期，都高度重视文化建设，充分运用文化引领前进方向、凝聚奋斗力量、推动事业发展。

文化是凝聚人心的纽带、是引领前进的旗帜。文化最大的特质就是具有极强的渗透性和持久性，像空气一样无时不在、无处不在，能够以无形的意识、无形的观念，深刻影响着有形的存在、有形的现实。对于一个国家、一个民族来说，文化始终是血脉和纽带，铭刻着一个民族的集体记忆，寄托着一个民族的共同追求，民族和国家的认同从根本上说就是文化的认

同。我国的历史文化传统源远流长、博大精深，积淀着中华民族最深层次的精神追求，包含着中华民族最根本的精神基因，代表着中华民族最独特的精神标识。中华民族历经磨难而绵延不绝、生生不息，一个重要原因就是中华民族有深厚的文化传统、有高度的文化认同、有共同的精神家园。历史和现实表明，文化是引领国家和民族前进的旗帜和号角，民族的觉醒首先是文化的觉醒，社会的进步总是以文化的进步为先导。近代欧洲一批国家的崛起可以说是源于文艺复兴，正是这场思想启蒙运动，将欧洲推向了世界文明发展的前列。近代中国重新踏上民族复兴之路，也是从文化的觉醒、新文化运动的兴起开始的。当代中国所以能够创造令人瞩目的发展奇迹，很重要的一点就在于我国始终坚持和发展马克思主义，不断以思想上的新解放、文化上的新进步推动事业的新跨越。事实证明，文化深刻体现着一个民族和国家的创造力与生命力，是民族生存发展、国家繁荣兴盛的精神支柱和力量源泉。没有先进文化的积极引领，没有全民族精神力量的充分发挥，一个国家不可能兴盛强大，一个民族不可能屹立于世界民族之林。

文化是社会发展的动力，是文明进步的标识。物质财富和精神文化共同繁荣是社会文明进步的重要特征，经济、政治、文化、社会协同发展是现代化国家的必然要求。随着改革建设实践的不断深化，人们对文化功能定位的认识大大提升，越来越多的人认识到，文化不仅是现代化建设的重要保证，而且是经济社会发展不可或缺的重要内容和重要目标。实现科学发展、全面发展，需要文化有更大的繁荣进步。从文化在经济发展中的作用来看，文化不仅对经济增长有重要影响，而且对提升发展质量也发挥着越来越重要的作用，文化资源日益成为经济发展的基础资源，文化消费日益成为拉动经济增长的重要引擎，文化产业日益成为经济结构调整和转变经济发展方式的重要着力点。只有当文化表现出更强大力量的时候，当发展具有更多文化含量的时候，经济发展才能进入更高层次。从文化对社会和谐稳定的影响来看，文化是"润滑剂""减压阀"，实现人与社会、人与自然、人自身的和谐，都离不开人文精神的培育、离不开优秀文化的滋养。特别是在经济转轨、社会转型加速期，如果不重视培育理性和谐的理念和精神，不注重人文关怀、心理疏导，就不可能有社会的和谐稳定。从文化在全面建设小康社会中的地位来看，全面建成惠及十几亿人口的更高水平的小康社会，既要有发达的经济，也要有繁荣的文化；既要让人民过上殷实富足的物质生活，又要让人民享有健康丰富的文化生活。物质贫乏不是社会主义，精神空虚也不是社会主义。实现全面建成小康社会奋斗目标，顺利推进社会主义现代化，加快文化建设是题中应有之义。

文化是民生幸福的要义，是美好生活的保障。人创造了文化，文化也塑造着人。文化对人来说，是一种精神上的内在需求、普遍需求，也是终生相伴的需求。人们需要通过文化来启蒙心智、认识社会，获得思想上的教益，也需要通过文化愉悦身心、陶冶性情，获得精神上的满足和依归。精神文化上的充实和丰盈，始终是幸福生活和美好人生的内在要求。随着生活水平的不断提高，人们不再仅局限于吃饱、穿暖等物质方面的需求，对丰富精神文化生活的期待更加迫切、愿望更加强烈，文化越来越成为保障和改善民生的重要内容。

文化是竞争优势的重要因素、是综合国力的有力支撑。当今世界，各种思想文化交流、交融、交锋更加频繁，文化在综合国力竞争中的地位和作用更加凸显，文化与经济相融合产生的竞争力越来越成为一个国家最根本、最持久、难以替代的竞争优势。有人认为，如果说过去国与国之间的竞争主要是经济、军事的较量，未来将以文化论输赢。现在，许多国家都把提高文化软实力作为重要战略，利用文化展示本国形象、拓展国家利益。

经过多年发展，我国已成为全球第二大经济体，文化建设也取得了巨大成就，但我国文化的国际影响力与我国深厚的文化底蕴还不相称，与我国的国际地位也很不相称。对于发展中大国来说，如果没有自己的文化纲领、文化设计、文化理想，没有强大的文化软实力，要成为富强民主文明和谐美丽的社会主义现代化强国是不可能的。只有树立高度的文化自觉和文化自信，加快构筑我国的文化优势，才能在激烈的国际竞争中赢得主动，维护国家利益和文化安全。

三、文化自信的精神传承要义在于引导发展

马克思、恩格斯曾经说过："一切划时代的体系的真正的内容都是由于产生这些体系的那个时期的需要而形成起来的。"文化是一个国家、一个民族的灵魂。在人类社会的发展中，文化触及人的"灵魂"，形成社会的"心灵的秩序"，彰显文化的吸引力。中国特色社会主义进入新时代，我国坚持并自信的文化是什么？或者说，究竟什么样的文化能够令国人自信？对此，党的十九大报告中明确指出，中国特色社会主义文化，源自中华民族五千多年文明历史所孕育的中华优秀传统文化，熔铸于党领导人民在革命、建设、改革中创造的革命文化和社会主义先进文化，植根于中国特色社会主义伟大实践。中华传统优秀文化、革命文化和社会主义先进文化共同构建了新时代中国特色社会主义文化的基本内容。

中华优秀传统文化是新时代中国特色社会主义文化的精神基因。中华民族在五千多年的文明历史中创造的灿烂的中华文明，为人类作出了卓越贡献。博大精深的中华文化，是中华儿女共同的精神基因，把我国 56 个民族、14 亿多人紧紧凝聚在一起的，是共同经历的非凡奋斗，是共同创造的美好家园，是共同培育的民族精神。中华优秀传统文化是中华儿女的精神基因，是中华民族的精神家园，是中华儿女引以为豪的社会主义文化尤其

是社会主义核心价值观的源头。

革命文化是新时代中国特色社会主义文化的红色基因。中国特色社会主义文化，是新时代执政的中国共产党的意识形态反映，是中国共产党的价值信仰载体，是激励全党、引领全国各民族人民奋勇前进的强大精神力量。中国共产党的领导是中国特色社会主义最本质的特征，中国共产党的大无畏的革命精神是中国特色社会主义文化最澎湃的基因。红色象征着革命，象征着热情、付出、流血与牺牲。中国革命历史是最好的营养剂，革命文化是我们党的宝贵精神财富。在比历史上任何时期都更接近、更有信心和能力实现中华民族伟大复兴目标的新时代，更加需要弘扬革命传统、不忘初心，以革命文化补共产党人精神之"钙"、以昂扬的斗争精神、以追求理想的执着毅力、以实事求是的科学态度、以艰苦奋斗的拼搏精神、以依靠群众的优良作风，引领、团结人民群众，夺取新时代中国特色社会主义伟大胜利，实现中华民族伟大复兴的中国梦。

社会主义先进文化是新时代中国特色社会主义文化的前进方向。新时代中国特色社会主义的伟大实践成就和思想凝练拓展了发展中国家走向现代化的途径和视野，给世界上那些既希望加快发展又希望保持自身独立性的国家和民族提供了全新选择，为解决人类问题贡献了中国智慧和中国方案。

坚定文化自信，就是要以社会主义文化涵养民族精神，以文化自信坚定理想信念，以文化自信支撑政治定力，以文化自信彰显党的文化立场和文化追求，更好构筑中国精神、中国价值、中国力量，为人民提供精神指引。

坚定文化自信，就是要始终保持战略定力、政治定力，不断增强民族自豪感，就是要不忘初心、保持本色、面向未来，就是要坚持马克思主义的世界观和方法论，把马克思主义基本原理运用到新的历史环境中，在推进马克思主义中国化"时代化"大众化的过程中发展马克思主义，以永不懈怠的精神状态和一往无前的奋斗姿态把中国特色社会主义推向前进。

四、文化自信理论具有划时代意义和真理的力量

一种文化、一种理论要想发挥其信仰作用，凝聚社会的力量，必须要提供一整套科学而有效的价值体系，即吸引一个坚定的信仰行动者，确立明确的行动目的，谋划一定的行动情境，描绘明确的行动规范与价值取向。

真理的逻辑性与认识的可靠性是赋予真理以力量的内在缘由。真理在本来的意义上说就是关于事物的真理，同时，它又与人的认识有关。马克思主义认为，真理的力量来自实践、真理的力量来自创新、理论是思想中的现实。恩格斯说："我们的理论是发展着的理论"。沿着马克思开辟的理论道路创新马克思主义，才能永葆马克思主义的生命活力，更为生动地彰显马克思主义的真理力量和道义力量。

真理的社会性或真理的规定性是赋予真理以力量的外在缘由。对真理的坚持，是在特定的价值导向下所产生的一种精神力量，这种力量能够把党的所有成员、党同人民群众聚合在一起，并逐步实现感情、理念、目标、行为等方面的相互认同，进而形成有机的总体，为共同目标与理想的达成而共同奋斗。坚定的共产主义信念和运用马克思主义基本原理和方法来认识和分析问题，是马克思主义真理的价值所在。真理的社会性或真理的规定性体现在真理的凝聚力上。坚定的理想信念催生良好的道德水准，而理想信念的坚定，首先来自于理论上的清醒。

理论自信，实际上是对中国特色社会主义理论体系这一行动指南的高度认同，它内在包含着对中国特色社会主义的基本路线、基本纲领、发展

动力、发展战略、党的建设等思想的自信。

行为是先进性的最终检验，在行为中获得评价和验证。行为是先进性严峻的战场，先进性要在行为中接受锤炼，并在行为中不断丰富、完善和发展。"信仰马克思主义"这一命题，就是突出强调对待马克思主义的态度，不仅是个认知问题，更是一个立场和思想感情问题，是"知行信的统一"，只有"信仰"才能准确表达这一内涵。强调马克思主义不仅能解决阶级解放、民族独立和民族振兴问题，也能解决个人生命的不朽和终极关怀问题。

第二节　文化自信是应对文化冲突的理性支撑

从一定意义上来说，文化发挥着对客观对象划分边界的功能。个体从出生时起，就栖身于特定的文化共同体，浸淫其中而被"文化濡化"，并且通过能动行动参与到文化共同体的型构过程中。不同的文化共同体之间的边界，也是分割人类的基本线索之一。因为这个问题已经在今天的社会变得如此复杂，而必须诉诸于人类理性了。文化以理性态度去科学地厘清对象的边界问题，把握其与相关对象的本质区别，进而揭示出对象的特殊规定性。索罗金在《社会和文化动学》一书中指出，文化通过智性（其中心原则是理性）整合在一起，它把思想和意义联系在一起，并渗透进社会的方方面面。

一、文化是植入民族意识的"根"

改革开放以来，域外的生产方式和生活理念逐渐侵入我们的生活，随之而来的是其不同于中国的文化及价值观念，这种异于中国文化的价值观对于猎奇者有着不可遏制的吸引力，价值观念中利己主义、个人主义、享乐主义等造就了他们的异化于传统的生活方式。处在社会转型期的中国，正在和各种不同的社会观念交织、融合，所以多元价值观的存在也成了一种正常现象，经济全球化的今天，多元价值体系之间的冲突已经成为一种普遍现象。

在这种混合文化状态中的各种文化，有的是属于政治文化性质的文化，如政治生活的认知、感情、态度、价值观等；有的是属于一般性的社会文化，如生活方式的文化、待人接物的社会规则文化、宗教信仰文化等。很显然，来自传统的和来自外部的政治文化，它们对既有的社会主义文化构成了巨大的威胁，对既有的社会主义文化起着严重的解构作用。由于这些异质文化的进入是广大人民群众选择的结果，因而是一股不可抗拒的自发力量。

随着社会的发展与多元文化的冲击与挑战，文化在社会发展和全球化进程中的作用得到了突显。在资本推动的经济全球化席卷世界的当下时代，属于资本主义世界经济体系核心的资本主义世界市场进一步地推动着资本主义向亚、非、拉、美等洲的文化殖民进程。资本主义世界经济体系、资本主义制度、资本主义的殖民体系在世界范围内的确立，标志着以欧美资本主义强国为主导的资本主义世界体系的确立。资本主义文化取代枪炮成功殖民全世界，资本主义文化被神话成了世界精神。然而，先是2008年席卷全世界的金融危机，后是近期越发膨胀的逆全球化，无不标志着大一统的资本主义世界文化的幻灭。越是民族的，越是世界的。在实现中华民族伟大复兴的中国梦的实践进程中，中国文化的复兴、繁荣和昌盛是以努力推进世界民族之林的共融与和谐共处，让不同文明增进交流、互鉴互助为目的。中国传统文明在智慧层面上是一种不同于西方排他性的和合文化，中国文明的特征与诉求是追求文明间的和谐共处，经过创造性转化和创新性发展的中华文明，将同世界各国丰富多彩的文明一道，为人类命运共同体的建设提供正确的精神指引和强大的精神动力，促使各文明间协同推动人类文明的进步。

社会主义文化吸收各种异质文化，是一个从混合文化向着单一文化过渡的过程，也是一个复杂而艰巨的过程。它包括人们观念的转变、包括政府政策的转变，同时也必然伴随着各种观点之间的交锋和各种人群之间的博弈。中华民族是兼容并蓄、海纳百川的民族，根植和融入民族意识的中国特色社会主义文化是开放的，既体现了对人类共同价值的追求，又有着对社会主义信念坚定而清醒的追求，在行动中注重采取适合于文化发展规律的方法，社会主义文化融入民族意识之根的任务必将经过一个漫长的过程而最终内化于每一位中国人内心深处。

二、文化自觉是自我扬弃的"神"

如今，全球化不断深入，不同文化之间的交流更加频繁，不同文明间的冲突和融合仍然是主要趋势。在这一趋势下，中国文化不可避免地卷入了世界化的进程中，特别是"文明冲突论"中提到的"中国威胁论"，这是对中国文化的挑战，也是对中国文化的警示。中国必须直面现实，以文化上的自信心积淀战略上的神清气定，为勇克时艰寻找对策，制定中国文化的发展战略。

费孝通先生的"文化自觉"理论，是对文化认同的典范论述。或者说，文化认同就是行动者对自身文化共同体的成员资格的积极的认知评价、情感体验和行动承诺。在中国传统社会两千多年的历史转变过程中，儒家文化通过不断吸取来自其他文化的优点和自身的改造得以保存下来，并逐步成为经久不衰的中国社会的主流文化。儒家文化之所以能够在两千多年间"一枝独秀"并且直到现在依然能够对中国的现代化产生影响，是因为儒家文化已经适应了中国的传统社会，同时它在中国传统社会的历史进程中形成了独有的文化价值理念，这种价值理念与西方资本主义价值观之间存在着很大的不同。在两种文化价值理念的沟通交流过程中，不同的价值理念肯定会产生摩擦和冲突。

文化自信必须具有辨识力。一定的文化是一定社会的政治和经济在观念形态上的反映，中国特色社会主义进入新时代，出现了很多文化领域的新情况：经济全球化加快了政治多极化、科技国际化和文化多元化，各种渗透力巨大的新兴载体裹挟着"原生态"的、甚至扭曲的文化图景呼啸而来，不可避免地充斥着异质性的"价值乱象"，"文化侵略"和"西进同化"暗潮涌动，借助新媒体传播的一些文化产品别有用心地进行"价值抽取"和"价值演变"，道德相对主义贴着"多元化"的标签，等等，这一切都容易造成国人文化及其评价体系的失范。因此，坚定文化自信必须能够辨识民族传统文化的优秀成果并加以传承与弘扬，更要引导和教育国民以开放而不失审慎的眼光去批判地选择和吸收"舶来品"，以确保国民文化自信、自强的正确方向。

文化自信具有导向力。文化是一个国家、一个民族的立身与发展框架，它以价值观念和意义系统来反映并组织世界，通过定位自我与他人，以集体身份与社会行动将人们联系在一起，以鼓励或禁止的方式促使大家形成目标一致的行动方针。文化的纽带作用将实践、理论与制度融于一体。讲述好中国故事、传播好中国声音，促进中外民众相互了解和理解，就能为实现中国梦营造良好环境。

三、文化自信是不忘初心、与时俱进的"力"

实现"文化自信"，是对自身重塑和对社会文化的批判、选择、导引的辩证统一的艰难过程。正是在不断"自体重塑"与"重塑他者"的过程中，文化进行着诘寻生命力的"螺旋式上升"，实现这一过程的路径如下。

文化一方面要坚守精神价值传统，保持自身的核心价值追求。不忘初心，方得始终。如果"以洋为尊""以洋为美""唯洋是从"，把作品在国外获奖作为最高追求，跟在别人后面亦步亦趋、东施效颦，热衷于"去思想化""去价值化""去历史化""去中国化""去主流化"那一套，绝对是没有前途的。另一方面要创造性转化、创新性发展，为中国的伟大变革与复兴提供不竭的智力支持和动力支撑。理性的文化自信是对马克思主义与中华优秀传统文化之间联系的进一步深化，是对中国特色社会主义事业内在规律认识的进一步升华，是对中华文明与世界其他文明交往关系的进一步拓展。要把握时代脉搏，积极参与社会文化的整合，创造新的价值观，为社会发展提供强有力的精神支撑，必须要有相应的制度保障。

注重可持续发展，形成精神动力，自觉强化文化功能。比照康德的文化解释论，文化自信是一个能动地确证一个民族自身所固有的、反映本民族成员自身特性的内在规定性的实践过程，这其中最重要的就是对其历史性和社会性的确证。因此，可持续性是文化发展和繁荣的前提，文化断层最终只会招致式微和消亡。因此要以文化自觉去挽救被"社会人"割裂的文化环节，保持从历史到现在的文化延续性。同时，当公众对社会文化的某些需求得不到满足时，文化结构就会处于失衡状态。虽然从历史眼光审视，文化结构的失衡是绝对的，而其平衡是相对的，但应当自觉发挥"天平"功能，思考和关注社会文化系统的平衡，最大限度满足大多数人的文化需要。只有如此，文化才富有强大的生命力，成为社会文化的推动器和黏合剂。因此，文化应该在充分尊重并努力提升个体需要的基础上，用高尚的、科学的、富有吸引力的精神目标去凝聚每一个人，使之形成共同奋斗的精神动力，在其文化需求得到满足的同时，也能够实现自我的充分发展，这就是文化自信的功能体现。

优化资源配置，培育优秀人才，自觉实现文化引领。中国特色社会主义文化，是以马克思主义为指导，坚守中华文化立场，对中华优秀传统文化精华进行创造性转化，实现创新性发展，是立足当代中国现实，深入挖掘革命文化的精神特质和时代价值，是结合当今时代条件，牢牢把握社会主义先进文化前进方向的文化复合体。实现文化自信，应该借助文化对整个社会的引领和示范作用，推动文化建设向自信、自强等更高层次发展，这主要体现在三个方面。一是整合优秀的文化资源，继承与弘扬民族优秀文化，交流借鉴世界进步文化，努力进行理论创新、制度创新、科技创新，创造和传播新知识、新理论、新思想，高擎富于生命力与现代性的文化。二是厘清文化的价值坐标，树立科学的文明观。不断为社会培养出具有正确世界观、人生观与价值观，具有高尚人格与文化品位的人才。三是以习近平新时代中国特色社会主义思想为行动指南，以社会主义文化涵养民族精神，坚定文化传承创新，在文化实践中坚守新时代的文化立场和文化追求，在文化研究中构筑中国精神、中国价值、中国力量，为社会民众提供精神指引。

第三节　文化自信是提升文化软实力的不竭动力

文化指导人的行为、诠释人的动机，为利益分析提供基础，让行动具有社会意义。文化是分析现实的一个变量，借助文化，能够确立一种理论与实践、逻辑与现实的联系。在全球化的时代，面对西方异质文化的扰乱与冲突，需要一种文化支撑传播好中国声音。新时代的中国文化叙事，必须以习近平新时代中国特色社会主义思想为指导，承担起新时代中国特色社会主义伟大实践的解释分析功能，促进中外民众相互了解和理解，为实现中国梦营造良好环境。

文化软实力集中体现了一个国家基于文化而具有的凝聚力和生命力，以及由此产生的吸引力和影响力。坚定文化自信，是为了实现文化自强，也就是增强我国文化软实力，建设社会主义文化强国。在国际政治格局中，国家软实力的核心是该国政治体系中的文化、意识形态、社会制度等在国际中的普遍性认同。1990 年哈佛大学约瑟夫·奈提出了"软实力"的概念。"软实力"是通过吸引而非强迫或收买的手段来达己所愿的能力，这种能力源于一个国家的文化、政治观念和政策的吸引力。软实力的实质是文化魅力，基本特点是靠自身的吸引力发挥作用，而不是通过强制力发挥作用，是"同化的力量"和"感化的作用"。软实力不仅要求思想深邃有穿透力，而且要求在表现方式和途径上有亲和力。

因此，要牢牢把握社会主义先进文化的前进方向，把"不忘本来、吸收外来、面向未来"作为重要方针落实到文化建设各个方面。要弘扬中华优秀传统文化，大力培育践行社会主义核心价值观，巩固团结奋斗的共同思想基础。要以博采众长的心态参与文明交流互鉴，辩证取舍、择善而从，吸收借鉴人类一切文明有益成果。要深入推进文化理念、内容形式、手段载体和体制机制改革创新，推动文化事业全面繁荣和文化产业快速发展。要牢固树立以人民为中心的工作导向，坚持把社会效益放在首位，正确处理社会效益和经济效益的关系，以更多精品力作丰富人民精神世界、增强人民精神力量。

一、讲好中国故事，把握时代精神

"欲人勿疑，必先自信"，文化自信不仅是中国经济、外交和影响力扩展的支撑，也是推动大国复兴的更基本、更深沉、更持久的力量。中华民族的伟大复兴不仅是物质的复兴，更是精神的复兴。如果把走向复兴的中华民族比作一个人，那么强起来必然包括身体与精神两个方面，要让中华民族的精神力量与价值观发挥举足轻重的影响力。既要完成自体的传承与创新，又要根据时代发展的现实要求，引领和践行社会主导价值观。当中华民族实现了从站起来、富起来到强起来的伟大飞跃，迎来一个新时代，中华儿女有充足的理由坚定中国特色社会主义道路自信、理论自信、制度自信、文化自信。

讲好中国故事，必须树立强烈的文化自信。讲中国故事是时代命题，讲好中国故事是时代使命。作为一个有着源远流长的历史文明和高度发达的时代精神的社会主义国家，在实践与发展的道路上，有必要向国内外解答我国业已形成的符合中国国情的道路、理论和制度。中国人民要增强文化自信，增强讲好中国故事的底色和底气，让世界了解中国，让中国走向世界。当前中国故事的最大特征是什么？就是中国已经进入新时代，新时代的主要社会矛盾发生了根本性变化，即人民日益增长的美好生活需要和不平衡不充分的发展之间的矛盾。但变化中有着不变的特性，那就是中国共产党领导是中国特色社会主义最本质的特征。中国必须讲清楚这变与不变，讲清楚新时代的经济建设、政治建设、文化建设、社会建设和生态文明建设，从深层次的文化维度为实施新时代"两步走"战略提供决策依据和理论支撑。

新时代的中国文化叙事，需要承担起解释新时代中国特色社会主义伟大实践的分析功能。以自觉、自信的文化叙事讲述中国故事，需要立足文化的本质、遵循文化的规律。从传播沟通学角度而言，讲述好新时代的中国故事，需要重视受众的接受度，即中国文化叙事在接受层面需要一种"民间性"的融合，即大众文化和精英文化的融合。大众文化是一种"俗文化"，一旦形成，传播速度快、影响范围广，它的速成性往往伴随着文化普及，但是在脱离社会主导价值观的条件下，不受特定规范和原则的引导和约束，容易导致接受者在行为观念、道德认知方面的无序状态。精英文化是一种有准备的"雅文化"，个体对它的接受需要具备特定的人文素质和修养，也需要社会语境的前期铺垫，否则就无法获得高质量的接受状态。

二、强化归属感，增强凝聚力

文化自信是增强凝聚力的精神食粮。文化自信从当今全球化现实层面上而言，就是要培养个体对其赖以生存的民族、社会尤其是国家的认同感。国家认同作为一种强调"我们感""归属感""忠诚感"的态度体认、主观意志和心理活动，指的是公民对自己所属国家的政治制度、文化传统、道德理想、价值信念等的归属和忠诚，是一种将国家视为"己者"而非"他者"的感受。全球化背景下，中国公民在"中国—世界""当下—历史"的时空坐标中，从文化、制度及世界历史三位一体的层面坚守和创新对中国特色社会主义祖国的归属和忠诚，是一项关乎提升中华民族参与全球化竞争国家软实力优势的时代工程。

当代社会，民族国家构成全球化的实体性主体，但全球化造成公民个体与族群、阶层、国家之间关系的复杂化、无序感，进而导致公民"国家认同"弱化危机已成不争的事实。在经济、政治、生态、文化的全球化进程中，原本存在于国家社会空间和认同中的思想、行为和生活的建构崩溃了。一方面，全球化本质上要求一种"我们感"和"共同性"的国家认同，直接面临被"碎片化""外在化"及"模糊化"的危险。另一方面，以自由为核心价值的现代化使得国家认同依赖于主体自觉自愿的承认与服从。因此，国家的意义和功能，直接面临着被侵蚀、推延乃至阻遏的危险，进而引发国家安全问题。如何应对全球化条件下的国家认同问题或国家安全问题，已引起世界各国高度关注。

坚定文化自信，强化文化归属感，需要高度重视意识形态工作。意识形态决定文化的前进方向和发展道路，必须建设具有强大凝聚力和引领力的社会主义意识形态，使全体人民在理想信念、价值理念、道德观念上紧紧团结在一起。要进一步加强理论武装，推动习近平新时代中国特色社会主义思想深入人心。

三、推进文以载道，发出中国声音

中国虽然有强大的文化根基和强劲的文化发展势头，但中国目前还只是一个文化大国而不是一个文化强国，我国文化软实力的表现与物质硬实力的日益强大并不相称。

提高文化软实力要践行文化自信，要努力展示中华文化独特魅力，要把跨越时空、超越国度、富有永恒魅力、具有当代价值的文化精神弘扬起来，把继承传统优秀文化又弘扬时代精神、立足本国又面向世界的当代中国文化创新成果传播出去，要让中华文化走向世界。此外，还要以理服人，以文服人，以德服人，提高对外文化交流水平，完善人文交流机制，创新人文交流方式，综合运用大众传播、群体传播、人际传播等多种方式展示中华文化魅力。

文以载道，文以化人。让中华民族的文化理念走出国门，让文化自身说话，使其成为不同语种、不同地域、不同国家和平交流沟通的媒介。在展现中华文化风采的同时，更重要的是展现中国和平发展、和平崛起的理念，阐明"中华民族的血液中没有侵略他人、称霸世界的基因，中国人民不接受'国强必霸'的逻辑，愿意同世界各国人民和睦相处、和谐发展，共谋和平、共护和平、共享和平"，从而为中国的发展营造良好的国际氛围。

践行文化自信、提高文化软实力，事关全局、刻不容缓。只有对自己的文化有坚定的信心，才能获得坚守的从容，鼓起奋发进取的勇气，焕发创新创造的活力。文化立世，文化兴邦。坚定文化自信，大力推动中国文化走出去，为中国经济、外交和安全影响力的扩展提供更加有效的软保护、构筑更有利的软环境，为我们的强国自信提供更基本、更深沉、更持久的力量，是我们必须重视的时代课题。

四、凝聚民众共识，推进文化复兴

中华民族的伟大复兴，首先是文化的复兴。坚定文化自信，建设社会主义文化强国，有助于增强中国人民屹立于世界民族之林的信心，有助于增添中国傲立于国际社会的底气，有助于提升中国共产党人用中国理论解决中国问题的勇气。

文化的核心是价值观，价值观是深入骨髓和血脉里的东西，从根本上支配和指导着人们的一切实践活动。丹尼尔·贝尔把文化理解为一种"人的想象力"，面对日新月异的社会发展变革，文化的一个重要使命就是对新感觉的权威的、永无休止的寻求。只有培育健康向上的文化，才能夯实价值底座、校正价值坐标，画出最大同心圆，使全国各族人民心往一处想、劲往一处使，使良好风气遍地充盈、不良风气寸步难行。营造风清气正的社会生态，必须牢牢把握文化建设这一核心与灵魂，把共产党员共有的精神家园建设好，使全党同志有共同的精神信仰、价值追求和行为规范，从而真正固本培元、补"钙"壮骨，解决好世界观、人生观、价值观这个"总开关"问题。

文化自信的形成是感性与理性、自发与自觉的统一。文化自信的形成主要是一种潜移默化的过程，文化具备系统的理论形态，文化自信发挥作用基本是以风俗习惯这样一些惯性的方式。从这一意义上讲，文化自信具有自发性与直观感受性的特点，但这并不能否认文化中含有理性的因素。事实上，文化的形成过程是体系的政治制度、规范、意识形态等各个层面被体系成员认识、接受，并化为支持其政治行为的心理基础的过程。在这种政治体系的内化过程中，体系成员对政治体系各层面的认识、判断、取舍都不能完全摆脱人的自觉意识活动，这是人类活动的基本特点。因此，特定政治体系内政治文化的形成过程是一个感性和理性、自发与自觉相统一的过程。

第四节　文化自信是社会主义事业的坚定基石

改革开放以来我国取得一切成绩和进步的根本原因，归结起来就是：开辟了中国特色社会主义道路，形成了中国特色社会主义理论体系，确立了中国特色社会主义制度，发展了中国特色社会主义文化。党的十九大报告中明确指出，围绕"五位一体"的中国特色社会主义事业总体布局和"四个全面"战略布局，我国要坚定道路自信、理论自信、制度自信和文化自信。新时代我国社会主要矛盾是人民日益增长的美好生活需要和不平衡不充分的发展之间的矛盾，必须坚持以人民为中心的发展思想，不断促进人的全面发展，实现全体人民共同富裕。中国特色社会主义事业总体布局是"五位一体"、战略布局是"四个全面"，要充分发挥文化自信的更基础、更广泛、更深厚的价值和功能。

一、巩固政治立场，补足"精神之钙"

中国共产党是中国人民谋求民族独立、人民解放和国家富强、人民幸福的主心骨。中国共产党义无反顾肩负起实现中华民族伟大复兴的历史使命。为了这一伟大历史使命，我们党作为时代先锋、民族脊梁，作为马克思主义执政党，初心不改、矢志不渝，团结带领人民历经千难万险，付出巨大牺牲，敢于面对曲折，勇于修正错误，攻克了一个又一个看似不可能攻克的难关，创造了一个又一个彪炳史册的人间奇迹。党在革命性锻造中更加坚强，焕发出新的强大生机活力，为党和国家事业发展提供了坚强政治保证。

增强新时代中国特色社会主义文化自信，有助于坚定不移地紧紧围绕中国共产党这一领导核心。中国共产党作为中国特色社会主义建设事业的领导力量和政权核心，领导中国人民进行革命、建设，始终代表中国文化发展的前进方向，在党内政治文化不断丰富创新的同时，对社会主义核心价值的实现起到了积极的引领推动作用。坚持以马克思主义为指导思想，以中华优秀传统文化、革命文化和社会主义先进文化为主要内容，以提高全民族的思想道德素质和科学文化素质，为改革开放和社会主义现代化建设提供强大的思想保证、精神动力和智力支持，强调树立中国特色社会主义共同理想，弘扬以爱国主义为核心的民族精神和以改革创新为核心的时代精神，倡导社会主义荣辱观，增强民族自尊心、自信心和自强精神。

人需要有信仰，共产党人也有自己的信仰。那么共产党人的信仰是什么？共产党人的信仰是马克思主义。全党同志必须把对马克思主义的信仰、对社会主义和共产主义的信念作为毕生追求。对马克思主义的信仰，对社会主义和共产主义的信念，是共产党人的政治灵魂，是共产党人经受住任何考验的精神支柱。形象地说，理想信念就是共产党人精神上的"钙"，没有理想信念、理想信念不坚定，精神上就会"缺钙"，就会得"软骨病"。现实生活中，一些党员、干部出这样那样的问题，说到底是信仰迷茫、精神迷失。因此，要坚持党要管党、全面从严治党，增强党自我净化、自我完善、自我革新、自我提高的能力，永不动摇信仰、永不脱离群众。马克思主义是我们党的指导思想，共产主义是我们党的远大理想。没有马克思主义信仰、共产主义理想，就没有中国共产党，就没有中国特色社会主义。《关于新形势下党内政治生活的若干准则》强调，全党同志必须把对马克思主义的信仰、对社会主义和共产主义的信念作为毕生追求。在改造客观世界的同时不断改造主观世界，解决好世界观、人生观、价值观这个"总开关"问题。马克思主义是指导我们事业的理论基础，也是每一个共产党人坚不可摧的精神支柱。党员不仅要在组织上入党，而且要在思想上入党，其中很重要的一条就是要牢固确立马克思主义信仰，真正成为马克思主义的坚定信仰者和忠实实践者。

中国特色社会主义道路是实现社会主义现代化、创造人民美好生活的必由之路，中国特色社会主义理论体系是指导党和人民实现中华民族伟大复兴的正确理论，中国特色社会主义制度是当代中国发展进步的根本制度保障，中国特色社会主义文化是激励全党全国各族人民奋勇前进的强大精神力量。

二、坚定理想信念，展现马克思主义的真理力量

社会主要矛盾的变化，构成了我国进入新时代的基本依据和基本动力。以此为基础，我们党坚持解放思想、实事求是、与时俱进、求真务实，坚持辩证唯物主义和历史唯物主义，紧密结合新的时代条件和实践要求，以全新的视野深化对共产党执政规律、社会主义建设规律、人类社会发展规律的认识，进行艰辛的理论探索，取得了重大理论创新成果。

坚定文化自信，是事关国运兴衰、事关文化安全、事关民族精神独立的大问题，由于文化的特殊本质和功能，它发挥着更基础、更广泛、更深

厚的作用，是实现中华民族伟大复兴而奋斗的理论和精神支柱。坚定文化自信，就是要坚持马克思主义普遍真理与中国实践相结合，实践发展永无止境，认识真理、进行理论创新就永无止境。坚持不忘初心、继续前进，就要坚持马克思主义的指导地位，坚持把马克思主义基本原理同当代中国实际和时代特点紧密结合起来，推进理论创新、实践创新，不断把马克思主义中国化向前推进，不断开辟 21 世纪马克思主义发展新境界，让当代中国马克思主义放射出更加灿烂的真理光芒。

三、汇聚全民共识，指引当代中国价值航向

文化是维系民族生存、推动国家发展的重要力量。文化对个人而言，起着培育个人人格、实现社会化的作用；对群体而言，起着引领方向、规范路径、整合分歧的作用。对政党而言，起着校准方向、明确目标、统一思想、展示形象、凝聚力量的作用。对整个社会而言，起着滋养民众、引领风气的作用。文化的内核是价值追求。增强文化自信，重要的是增强社会主义核心价值观的自信，形成并强化社会主义核心价值体系，在新时代中国特色社会主义的伟大实践中，以党的坚强领导和顽强奋斗，激励全体中华儿女不断奋进，凝聚起同心共筑中国梦的磅礴力量！

文化自信是一个国家、一个民族发展中更基本、更深沉、更持久的力量。必须坚持马克思主义，牢固树立共产主义远大理想和中国特色社会主义共同理想，培育和践行社会主义核心价值观，不断增强意识形态领域主导权和话语权，推动中华优秀传统文化创造性转化、创新性发展，继承革命文化，发展社会主义先进文化，不忘本来、吸收外来、面向未来，更好构筑中国精神、中国价值、中国力量，为人民提供精神指引。党的十九大报告把"坚持社会主义核心价值体系"作为新时代坚持和发

展中国特色社会主义的基本方略之一，彰显了我们党对价值观建设的高度重视，为我们高举中国特色社会主义伟大旗帜，牢固树立文化自信指明了方向。

坚持和发展中国特色社会主义，需要构建反映中国特色社会主义本质属性的价值体系。增强中国特色社会主义的道路自信、理论自信、制度自信、文化自信，内含着增强中国特色社会主义的价值自信。社会主义核心价值观，扎根于中国特色社会主义的制度体系，是中国特色社会主义的价值标识。强化中华民族共同坚守的理想信念，张扬中国梦的理想风帆，坚定共创美好未来的信念，是全体中华儿女的人生价值、社会理想、公民责任所在。

"人民有信仰，民族有希望，国家有力量。"文化建设的核心是价值观建设，丰富人们的精神世界、提高国家文化软实力，都需要大力培育和弘扬社会主义核心价值观。新时代的中国特色社会主义，就是要坚持社会主义核心价值体系，构筑中华民族共有的精神家园，为决胜全面建成小康社会、夺取新时代中国特色社会主义伟大胜利提供强大的精神动力。坚定文化自信，强化社会主义核心价值体系，要以培养担当民族复兴大任的时代新人为着眼点，强化教育引导、实践养成和制度保障，发挥社会主义核心价值观对国民教育、精神文明创建、精神文化产品创作生产传播的引领作用，把社会主义核心价值观融入社会发展各方面，转化为人们的情感认同和行为习惯。

四、促进文化繁荣，点亮中华民族伟大复兴的精神之光

坚定文化自信，就是要坚持中国特色社会主义文化发展道路，激发全民族文化创新、创造的活力，建设社会主义文化强国。中国特色社会主义

文化，是以马克思主义为指导，坚守中华文化立场，立足当代中国现实，深入挖掘革命文化的精神特质和时代价值，结合当今时代条件，牢牢把握社会主义先进文化前进方向的文化复合体。

没有高度的文化自信，没有文化的繁荣兴盛，就没有中华民族伟大复兴。要坚持中国特色社会主义文化发展道路，激发全民族文化创新创造活力，建设社会主义文化强国。发展中国特色社会主义文化，就是以马克思主义为指导，坚守中华文化立场，立足当代中国现实，结合当今时代条件，发展面向现代化、面向世界、面向未来的，民族的、科学的、大众的社会主义文化，推动社会主义物质文明和精神文明协调发展。要坚持为人民服务、为社会主义服务，坚持百花齐放、百家争鸣，坚持创造性转化、创新性发展，不断铸就中华文化新辉煌。

坚定文化自信，传承和弘扬中华文化。中华优秀传统文化是中华民族的突出优势，是我们最深厚的文化软实力。传承和弘扬中华优秀传统文化，就是从中华文化宝库中萃取精华、汲取能量，保持对自身文化理想、文化价值的高度信心，保持对自身文化生命力、创造力的高度信心，不断增强中华民族前行的精神力量。传承和弘扬中华优秀传统文化，就是要充分发掘和运用好传统文化资源，促进以中华传统文化为基本元素的产品开发和服务贸易，使中华传统文化的精髓与时尚文化、流行文化相结合，激发全社会对中华优秀传统文化的认同感和自豪感。

坚定文化自信，推进文化事业发展，加快文化产业发展。满足人民过上美好生活的新期待，必须提供丰富的精神食粮。要深化文化体制改革，完善文化管理体制，加快构建把社会效益放在首位、社会效益和经济效益相统一的体制机制。完善公共文化服务体系，深入实施文化惠民工程，丰富群众性文化活动。加强文物保护利用和文化遗产保护传承。健全现代文化产业体系和市场体系，创新生产经营机制，完善文化经济政策，培育新型文化业态。加强中外人文交流，以我为主、兼收并蓄。推进国际传播能力建设，讲好中国故事，展现真实、立体、全面的中国，提高国家文化软实力。

第五节　文化自信领航"两个一百年"奋斗目标

一个国家、一个民族的强盛，离不开文化兴盛的支撑。坚定文化自信，才能推动文化繁荣，才能为当代中国发展进步、为实现"两个一百年"奋斗目标和中华民族伟大复兴的中国梦提供不竭精神动力和强大文化保障。在全面建成小康社会的基础上，继续把中国特色社会主义事业向前推进，为实现中华民族伟大复兴的中国梦而努力奋斗，必须坚持走中国道路、弘扬中国精神、凝聚中国力量。

一、以奋斗目标鼓舞人心，以文化建设增强自信

使命转化为目标，目标明确工作，工作依赖信心。领导和团结全国各族人民，实现中华民族的伟大复兴，是中国共产党自其创立之日起长期不懈的奋斗目标。这一伟大目标的实现，经历了民族独立和新民主主义革命、社会主义革命和社会主义建设、改革开放和建设中国特色社会主义三个重要阶段。在各个不同的历史阶段，党需要科学分析国家和社会、国际和国内的现状，准确把握、区分当时国家社会发展中的主要矛盾和次要矛盾，确定党的近期、中期、远期奋斗目标，并在此基础上确定党的各项工作的方针和政策，以此指引党和国家、全社会的具体工作。

从全面建成小康社会到基本实现现代化，再到全面建成社会主义现代化强国，划分为两个阶段，各是 15 年。党的十九大报告中作出的两个"十五年"战略安排，既体现了对中国特色社会主义进入新时代的历史方位的准确把握，又明确了实现第二个"一百年"奋斗目标的时间表和路线图。"两个一百年"奋斗目标的确立和两个"十五年"战略安排的提出，有着强烈的文化逻辑，有助于从思想文化层面上坚定信心，推动新时代中国特色社会主义事业的发展。

文化建设行动构成了建设新时代伟大事业的着力点。建设中国特色社会主义文化，就是秉承中国的文化价值理念，坚持中国的文化立场，立足于当代中国的文化发展现状，思考和解决当代中国人关心的文化问题，提出中国的文化方案。增强文化自信、建设文化强国是中国特色社会主义事业发展和实现中华民族伟大复兴中国梦的内在要求。建设中国特色社会主义，内在地要求物质文明和精神文明协调发展、比翼齐飞。在这一过程中，文化的发展繁荣既是中国特色社会主义建设目标不可或缺的组成部分，又是实现中国特色社会主义建设目标的精神条件和智力支撑。随着中国特色社会主义事业的发展，我国越来越接近民族复兴的宏伟目标。站在民族复兴新的历史起点上，发展繁荣文化的物质基础与精神资源更加丰厚，同时也面临着人民文化需求的井喷式增长，这无疑对文化发展繁荣提出了更高的要求。

二、建设文化强国，实现伟大复兴

文化自信是一个国家、一个民族发展中更基本、更深沉、更持久的力量。文化是维系民族生存、推动国家发展的重要力量。中国特色社会主义已经进入新时代，我国社会主要矛盾已经转化为人民日益增长的美好生活需要和不平衡不充分的发展之间的矛盾。"文化自信，实质上是在社会主义核心价值体系和社会主义核心价值观的指引下，使中国特色社会主义各项事业根植于中华优秀传统文化、革命文化和社会主义先进文化的土壤中，凝聚和团结全党全国各族人民，形成强大的精神合力，为'四个全面'的推进提供精神动力。"坚定文化自信，就是要夺取新时代中国特色社会主义伟大胜利，为实现中华民族伟大复兴的中国梦不懈奋斗。

文化自信是新时代中国统筹推进"五位一体"总体布局、协调推进"四个全面"战略布局和实现中华民族伟大复兴的中国梦的精神动力。"五位一体"总体布局、"四个全面"的战略布局是我党坚持和发展中国特色社会主义的新实践、新成果，是对党治国理政经验的科学总结和丰富发展，集中体现了时代和实践发展对党和国家工作的新要求，是实现中华民族伟大复兴的中国梦、续写新时代中国特色社会主义新篇章的行动纲领。但是有效统筹推进"五位一体"总体布局、协调推进"四个全面"战略布局并不是一件简单的事情，尤其对于今天的中国来说，利益格局复杂化、社会意识多元化和人民群众利益诉求多样化彼此交织，面临的矛盾和挑战更为严峻。因此，必须要以坚定的文化自信来汇聚共识，在不同的社会阶层中形成尽可能多的价值共同点，从而为"四个全面"的战略布局创造适宜的思想环境和精神基础。

文化自信是抵御西方意识形态渗透、维护国家文化安全的重要保证。随着经济全球化的不断深入，世界上再也没有任何一个国家或民族能够闭关自守、独善其身，相反还会不可避免地被卷入浩浩荡荡的世界大潮之中。各个国家、各个民族在文化上交融、交流、交锋的态势表现得越来越显著。今天的中国文化就受到了西方意识形态、文化思潮的强烈冲击和挑战。目前，有少部分人一味崇拜西方文化，对西方国家的节日、饮食、娱乐、生活方式、教育模式等推崇备至，把新自由主义和普世价值奉若神明；同时，他们还极力贬斥中国文化，认为后者是老土和不合时宜，简单地把西方文化等同于进步，把中国文化等同于落后。在这样的思想观念的影响下，文化自信又何从谈起？即使有文化自信，那也是对西方文化的自信，而不是对中国文化的自信。失去了对自身文化的信心和坚守，失去了中国文化的有力支撑，中华民族又如何能在瞬息万变的国际局势中站稳脚跟？

文化自信是实现中华民族伟大复兴的现实精神力量。中国的国际地位，需要与之相称的、被世界所认知和理解的中华文化。中华文化在新时代中国特色社会主义伟大实践中焕发勃勃生机，彰显强大精神动力。大道之行，天下为公。站立在九百六十多万平方公里的广袤土地上，吸吮着五千多年中华民族漫长奋斗积累的文化养分，拥有十三亿多中国人民聚合的磅礴之力，我们走中国特色社会主义道路，具有无比广阔的时代舞台，具有无比深厚的历史底蕴，具有无比强大的前进定力。坚定文化自信，就是高举中国特色社会主义伟大旗帜，锐意进取、埋头苦干，为实现推进现代化建设、完成祖国统一、维护世界和平与促进共同发展三大历史任务，为决胜全面建成小康社会、夺取新时代中国特色社会主义伟大胜利、实现中华民族伟大复兴的中国梦、实现人民对美好生活的向往继续奋斗！

三、铸造文化品牌，彰显中国力量

坚定文化自信、弘扬中国精神、提升中国价值、坚定中国力量，实现"两个一百年"奋斗目标，就是要积极弘扬以爱国主义为核心的民族精神和以改革创新为核心的时代精神，积极培育和践行社会主义核心价值观。汇聚中国力量，就是要将 14 亿多中国人民的智慧和力量汇集起来，形成为实现中国梦而不懈奋斗的磅礴力量，推动中华民族伟大复兴进程中精神力量的建设和提升。

中国特色社会主义进入新时代，意味着近代以来久经磨难的中华民族迎来了从站起来、富起来到强起来的伟大飞跃，迎来了实现中华民族伟大复兴的光明前景，意味着科学社会主义在 21 世纪的中国焕发出强大生机活力，在世界上高高举起了中国特色社会主义伟大旗帜，意味着中国特色社会主义道路、理论、制度、文化不断发展，拓展了发展中国家走向现代化的途径，给世界上那些既希望加快发展又希望保持自身独立性的国家和民族提供了全新选择，为解决人类问题贡献了中国智慧和中国方案。我国的文化自信凝聚在中国智慧与中国方案之中，中国智慧与中国方案的主题是对社会主义的坚持与发展，是对时代持续发展与进步的坚定信心。

中国特色社会主义是党和人民长期实践取得的根本成就，是当代中国发展进步的根本方向，是科学社会主义理论逻辑和中国社会发展历史逻辑的辩证统一。坚持和发展中国特色社会主义，要以发展的观点对待马克思主义、社会主义，不断有所发现、有所创造、有所前进，不断丰富中国特色社会主义的实践特色、理论特色、民族特色和时代特色。坚定理想信念、反映人民意愿、顺应时代潮流、推进改革开放，是坚持和发展中国特色社会主义至关重要的问题。

中国特色社会主义已经进入新时代的关键时期。新时代，是承前启后、继往开来、在新的历史条件下继续夺取中国特色社会主义伟大胜利的时代，是决胜全面建成小康社会进而全面建设社会主义现代化强国的时代，是全国各族人民团结奋斗、不断创造美好生活、逐步实现全体人民共同富裕的时代，是全体中华儿女勠力同心、奋力实现中华民族伟大复兴中国梦的时代，是我国日益走近世界舞台中央、不断为人类作出更大贡献的时代。中国人民应该自觉肩负起弘扬新时代中国特色社会主义文化的历史使命，进一步发挥中华优秀传统文化的重要作用，不断增强文化自信。

第五章
中华优秀传统文化理论

第一节　中华优秀传统文化释义

一、中华优秀传统文化的概念

中华传统文化包含中华优秀传统文化，两者之间是整体与部分的关系，传统文化中有积极意义的精华部分被称为中华优秀传统文化，它是对中华历史的记录与传承，是对人类精神、社会文明的思考与总结。文化凭借它独有的魅力记录着历史、推动着历史、改变和传承历史。

中华优秀传统文化可以激发民族自信心和自豪感，鼓励人们前进，反映中国社会健康的精神方向，有很强的生命力，具有持续性和稳定性。中华优秀传统文化在当代的表现为：自强不息的奋斗精神、厚德载物的博大胸襟、崇德重义的精神境界及团结统一的价值方向。

二、中华优秀传统文化的基本内容

中华优秀传统文化曾以辉煌的火焰照亮了东方，但是伴随近代中国的落后和屈辱，中华优秀传统文化也一度落后。正确处理当代与历史的关系，有助于增强民族自信心。总的来说，中华优秀传统文化包括以下基本内容。

（一）重德精神

中华民族以重德著称于世，道德是人的行为修养，对国家、民族的发展有积极的影响。儒家思想的核心为"仁爱"，崇义、尚仁体现了中华民族的重德精神内涵。

（二）宽容精神

孔子提出的"仁"即"爱人"；孟子提出的"仁政"，以及墨子提出的"兼爱"都是宽容精神的体现。《易经》指出君子应当具有像大地一样宽广的胸怀，用宽厚的德行包容世界。

"君子和而不同"，根据《易经》所云，人需要有伟大的胸襟，可以容纳一切，有能力在对立中求统一，通过包容、融合成为一个整体。"中庸"思想很好地诠释了"和"字。

（三）自强精神

作为中华民族精神的一部分，自强不息蕴含于传统文化中，正是坚忍不拔、自立自强的精神支撑着中华民族的发展和进步。中华民族自立于世界民族之林靠的就是由此拓展出来的刚正不阿、不屈不挠等精神。

（四）求实精神

中华文化比较关注社会、人生问题，比较观照人心和人性、看重现实，坚持一切从实际出发，实事求是。

孔子教育弟子实事求是，反对主观臆测就是实事求是精神的体现。

中国人一向务实，主张踏实的作风，在性格上被打上了朴实、脚踏实地的烙印。

三、中华优秀传统文化的特征

（一）崇德尚贤的伦理性

在中国几千年历史中，优秀传统文化遵循德育至上，以伦理道德为核心。儒家思想中提到，大学教育旨在彰显德行、去除污点，达到至善至美。《论语》中也对修德有要求，孔子认为，人应该遵守修养，通过道德教育，将人与动物区别开来，社会应该弘扬德行。

中华传统文化在古代典籍中有记载，在古代人们道德践行中有反映。一方面，古代统治者以道德手段教育感化人们，实现其统治目的；另一方面，古代人们崇尚理想的圣贤人格，以儒家思想为标准约束行为，从而提升境界、实现价值。

（二）延绵不绝的生命力

根据英国历史学家汤因比的观点，在人类历史上出现过 26 种文化形态，其中比较早的文化体系除了古中国文化，还有古印度文化、古巴比伦文化、古希腊罗马文化、古埃及文化等。中华优秀传统文化属于这些文化形态中唯一一种延绵不绝的文化。中华优秀传统文化在东亚大陆按照逻辑演化历经 5 000 多年而不中断，这些体现出它较强的生命力和稳定性。

（三）开放、包容、内化的自我革新性

古代中国属于开放的国家，国家内部之间各个诸侯国相互合作，同时，与其他国家的交流和文化传播具有兼容性和开放性。

中华传统优秀文化发源于黄河流域，随着北方游牧民族的入侵，逐渐受到游牧文化影响，农耕文化与游牧文化在交融中保存特质，互相融入吸收。

中华优秀传统文化具有包容性，吸收外来文化的精华，比如，古印度的佛学从汉代传入中国以来，与儒家、道家一起成为中国传统文化的重要组成部分。

四、中华优秀传统文化的道德力量

（一）正心修身

1. 安贫乐道

中华民族最讲究修身，在中华优秀传统文化中，修身占据的地位非常重要。修身影响个人的处世与事业发展。我们应该将传统美德内化为力量，按照传统文化的要求把自己培养成彬彬有礼的君子。

每个人的成长道路都有逆境、挫折和痛苦，有些经历可能会超出一般人的承受能力，如何才能经受住这些严峻的考验，渡过难关？关键的不是靠外力的支持，而是靠自己的修养。"安贫乐道"告诉我们，虽然处境贫困，但仍需要坚持信仰。"道"字原意为儒家的道德，后来被引申为人生的信念、理想、行为准则。孔子认为吃着粗粮、饮着自来水、把胳膊当枕头也是充满乐趣的，他的话给人们的启发为：一个人的快乐不在于物质享受，而在于精神追求。人一旦把心思都用在追逐金钱和名利方面，就会滋生很多执着心，不能一心向道。而且，古人认为，财富多了会滋长很多欲望与私心，干扰求道。

人是最具备适应能力的动物，所以在贫困中生存下来很容易。问题是，当面对贫困境遇时，是痛苦地活下去还是选择过一种快乐的生活？在这个时候，心中应该有一个光明的信念，同时坚持自己的信念。相信"梅花香自苦寒来"就能够忍受当下的苦寒，就会产生出刻苦用功的动力。作为一种正心修身的方法，安贫有助于更好地求道，修炼自己的心智；乐道则有助于克服当下的贫苦，坚定自己的理想和信念。

2. 勤劳节约

中华民族勤劳、勇敢，万里长城、大运河、都江堰等伟大工程是中华民族辛勤劳动的见证。在中华文化历史上，流传着许多用劳动征服大自然的动人心弦的故事。中国古人很早就认识到"赖其力者生，不赖其力者不生"的真理。

热爱劳动是立身、安家、兴邦的根本。中国古代最伟大的医药学家李时珍就是一个把热爱劳动这一美德发扬光大的人。我国古代人民很懂得劳动的重要性。有句古诗说："锄禾日当午，汗滴禾下土。"墨子认为，劳动是人与动物的根本差别。人跟动物不同，人类如果想要生存下去，必须自食其力。勤劳的美德是开源，节约的美德是节流。勤劳节约让人类积累了大量的物质财富和精神财富，帮助中华民族历经磨难依然屹立在世界的东方。

《左传》中说："俭，德之共也；侈，恶之大也。"意思是说：节俭，是善行中的大德；奢侈，是邪恶中的大恶。《尚书》对一国之君的要求是："克勤于邦，克俭于家。"中国古代的圣贤之君都是国事勤劳，家庭节俭。

作为中华民族一直持有的传统美德，节俭影响着历代人的行为，崇尚节俭在物质财富相对富足的今天仍然适用。中华儿女应该培养节俭这一美德，因为只有具备了这一美德，才能不为物欲所羁绊。纵观古今，凡是留名青史的人，都拥有节俭这一美德。

3. 明礼诚信

《论语》中说："民无信不立。"这句话被后人归纳为中华传统美德之一，即明礼诚信。

中国之所以有礼仪之邦、文明古国的美誉，就是因为自古以来，中国特别讲究隆礼。这里所谓的"礼"指的是"礼仪""礼貌""中和""谦敬"。《礼记》上还专门有这样的规定："入境而问禁，入国而问俗，入门而问讳。"意思是说：进入一个地区，先要问当地的法制禁令；进入一个国家，先要问该国的风俗习惯；进入别人家里，先要问主人有什么忌讳。以上都是自古以来中国文化中讲究"礼仪""礼节""礼貌"的一些代表性言论。

"明礼"和"诚信"两者存在密切联系。"诚信"只有通过"礼仪"才能真实地表达出来；"明礼"只有通过"诚信"的本质，才能免于虚伪。"忠信，礼之本也；义理，礼之文也。无本不立，无文不行。"古人把"忠信"看作"礼"的本质。"诚"于内而"礼"于外，是对两者关系最恰当的解说。

在"诚信"这个词语中，"诚"指诚恳、诚实；"信"指信用、信任。"诚"和"信"合在一起，就是指做人需要忠厚，信任他人，也让他人信任自己。

4. 浩然正气

根据孟子的观点，浩然之气是刚正之气，是大义大德造就的一身正气。更加直接点，就是骨气和节操。中国人最注重这两点，正所谓"三军可夺帅也，匹夫不可夺志也"。《荀子》一书中说："大节是也，小节是也，上君也；大节是也，小节一出焉，一人焉，中君也；大节非也，小节虽是也，吾无观其余矣。"从修身的角度而言，小节无疑也是重要的，在小的事情上能够让自己的行为符合道德要求，是个人美德的具体体现。但从政治生活而言，古人更注重的是大节，一个人在原则问题上坚持底线，"临大节而不可夺"是保持气节的关键。因此，大节是指一个人对国家、君主忠诚与否；而小节则是指一个人个人生活中个性品德的好坏。

气节一直是古代思想家推崇的精神力量，属于一种崇高的美德。孟子认为，坚持道义自然会产生一种至刚的力量，鼓舞人们勇猛前行。那么，应该具备哪些气节呢？

首先，每个人都有自己的尊严和人格，尽管人格表现出明显的不同，但人们在评价它时总会有一些共同的标准。这些共同的标准就是人格的尊严和独立。其次，人应该有正义感，可以为了正义不惜牺牲一切，大义凛然。最后，人应该维护民族和国家的利益。

（二）与人为善

中国人始终把人际关系当作人生中的一件大事，围绕着这件大事，产生了诸多传统美德。这些美德主要有以下四种：忠、孝、仁、义。这四者分别规定了中国传统社会最为重要的四类人际关系：忠，是处理个人与社会、国家关系的道德规范；孝，是处理家庭生活中各种关系的基本准则；仁，是人与人之间、个人与陌生人、上级与下级之间的相处之道；义，是处理人际关系，尤其是利益关系的道德要求。

忠、孝、仁、义这四个基本道德规范，是中国传统社会道德生活的基石。在此基础上，传统道德的其他规范得以建立和发展。总体而言，这四种传统道德的终极目标可归纳为四个字：与人为善。

1. 尽己之谓忠

《论语》中"三省吾身"的第一省"为人谋而不忠乎"说的就是：替别人做事时，有没有不尽自己心力去做的时候啊？在这里，"忠"是尽心竭力的意思。"忠"还表现为尽职尽责，认真做好自己的本职工作。此外，"忠"还表现为忠于民族和国家，忠于自己的祖国和民族，将个人命运与祖国、民族的命运紧密相连，时刻关心国家和民族的命运。

2. 孝为人本

孔子说，孝是为人之本。中华传统美德第一经的《孝经》更是把"孝"提到了无与伦比的高度："夫孝，天之经也，地之义也，人之行也。"

"孝"不仅是一种美德，它还是做有道德的人的根基。《论语》中有这样一段话："君子务本，本立而道生。孝弟也者，其为仁之本与！"由此可知，孝顺父母是做人的根本，一个人只要在家庭生活中是一个孝子，那么当他走向社会后，就不会干什么坏事。对这个观点的理解思路是这样的：连养育自己的父母都不孝顺，那这个人还能对得起谁呢？

或许正是这种思路的影响，古人将"孝"界定为诸德之本，国君可以用"孝"治理国家，臣民能够用"孝"立身立家。由于对"孝"的这种推崇，所以在中国古代选举官吏时，孝顺父母是一条重要的道德标准，汉代的董仲舒就说："求忠臣必于孝子之门"。

3. 仁者爱人

中华传统文化中分量最重的一个字是"仁"，孔子提出"仁者爱人"，"爱人"就是仁，是中华传统道德的精髓。这一传统美德要求我们在日常生活中、与人打交道时要常怀一颗爱人之心，与人为善。因此，爱人应当是真实的、发自内心的想法，虚伪就是不仁。

"仁"有很多种表现形式，如修身成仁、仁政爱民、大仁不拘小节，其核心在于推己及人，所谓推己及人，就是设身处地为别人着想，这就是最高尚的仁。推己及人的对象主要有两个层面：一是自己身边的人；二是整个社会中的人群。从影响身边人的角度而言，己所不欲，勿施于人；己欲达而达人，己欲立而立人。这两个方面的内容在传统道德学说中被称为"恕道"。

在日常生活中，人们将心比心，不损害他人。你自己不愿意做的事情，不能要求其他人去做或者替你去做。作为子女，自己在家里不愿意干的活，不应该要求父母替自己去干；作为朋友，自己不愿意做的事情，不应该要求他人帮助自己去做；作为社会的一分子，自己不愿意尽的责任，不应该要求他人对自己履行或替自己尽责。

"己欲达而达人，己欲立而立人"则要求人们将心比心，积极利人、助人，给他人以机会和力所能及的帮助。你自己想在困难的时候获得别人的帮助，那么在别人困难的时候，就应该去帮助他人；你自己想获得成功，那么就应该帮助他人获得成功，至少是不阻碍他人获得成功；你自己愿意成为一个善良的人，那么就应该创造条件去帮助他人培养他的善良本性。

孟子所说"穷则独善其身，达则兼济天下"这句话是古代知识分子的理想人格和道德标准。这句话的意思可以理解为：当一个人能力有限时，应尽力提升自己的修养；能力较强时，那么就要努力造福天下人。概言之，"恕道"的基本思想是用自己的感受去理解他人的感受，用自己的品德帮助别人的品德成长，懂得换位思考。"己所不欲，勿施于人"属于基本的、起码的要求，这一要求在现代社会中被称为道德的"黄金定律"；而"己欲达而达人，己欲立而立人"则是更高的要求，做到这一点就可以成为中国传统道德所要求的"仁人"。

4. 义在利先

义，就是今天常提的"道义"，它是中国传统道德的"五常"之一，也是古人在与人相处中使用频率最高的一种道德规范。义，繁体字写作"義"由"羊"和"我"两字构成。在后来的形变中，"义"作为一种道德规范，含义十分丰富。对"义"的道德要求进行系统论述的是孟子。《孟子》一书中，将义作为人的立身处世的根本。自孟子后，"义"开始成为中国人道德生活的基本规范，影响至今。

谈"义"，必然绕不开"利"，"义利"是中国传统文化中无论如何都绕不开的道德话题。孟子把"义利"问题谈得十分透彻。

孟子对"义利"孰轻孰重、如何把握进行了详细的说明，明确提出"重义轻利"，那么，在人生中该如何来行"义"呢？

（1）"义"为宜，是一个人适合做的、应当做的事情。

古人多以"宜"来解释"义"。事得其宜之谓"义","义者，事之宜也"，而"宜"在古代就是应当的意思。面对一件事，采取最为适宜、恰当的行动，做出最为合理的反应，便是"义"。当看到歹徒正在行凶，当事人生命受到威胁时，挺身而出，采用一定的行动加以阻止，这就是"义"；否则就是不义。"义"的要求超越个人的利益的考量，关注的是应不应该，而不是个人利益的大小。一旦考虑了利益的大小，那就是"利"在"义"先了。

（2）"义"要求做出的行为，是一个人在特定环境下应该做出的行为，这种行为本身应当是以对是非善恶的正确判断为前提的。

现在生活中流行一个词叫作"讲义气"，但古人早就说过，"义"的道德要求一定不能违背善，"夫义者，所以限禁人之为恶与奸者也"。朋友的正当需求，当然应该倾力相助，但如果朋友想做的事情是违法或不道德的，就有义务维护道德和法律的尊严。孟子说："言不必信，行不必果，唯义所在"，遇到的所有事、许给别人的所有诺言，都不一定是必须履行的，关键是看这些事情和诺言是否符合道德和法律的要求。"义"要求的是做好人，而不是做一个为了所谓"义气"敢于作奸犯科的愚人。

（3）"义"的要求内容是因人的身份、职业不同而有所不同的。

所谓"义"者，"为人臣忠，为人子孝，少长有礼"。前面两条已经说过，现在重点讲述"少长有礼"。在古人的传统道德规范中，"待人以礼"是相当重要的，对任何人都应该以礼相待。尊师重教就是其中之一的礼，也是中华民族的传统美德。

（三）君子怀德

在中国传统文化中，君子人格是每个人都可以通过修德获取的人格，君子境界也是每个人都能到达的境界。仅从人格来讲，具备前面所讲的美德就是"内圣"，但只有具备隐忍、知耻、无私，才可以做到"外王"。

1. 隐忍

中华民族是一个极具坚忍力的民族。无论佛家、道家还是儒家都对"忍"情有独钟，都认为"忍"是成大事的一种必备美德。儒家特别看重"忍"，《论语》中多处记载孔子论"忍"，他说："小不忍则乱大谋"，意思是小事不能忍让，就会破坏大事情。中国传统典籍中有很多关于"忍"的论述，中国民间对"忍"的理解更是别有趣味。

2. 知耻

对于知耻，应该明确以下三个问题。首先，知耻必先知善。中国古人很重视独立人格的培养，认为人人都有自己的价值，都有行仁德的能力，强调"人人有贵于己者"，以礼来节制自己，以广德之心为人处世，就会成为正直的人。

没有高尚品德的人只会为自己的个人利益算计，不会感到羞耻，所以一个人需要努力做到心怀坦荡、严于律己，知道什么是"善"，方能知什么是"耻"，在此基础上，才可以做到言行如一。

其次，知耻必先自知。知耻需要发自内心，需要主动进行；知耻需要做好自己的权衡与选择；知耻需要认识、了解自己。看清楚自己，认清自己的优点和缺点，了解自己的责任与位置，这样才能知道"耻"的内容，勇于改正问题。

最后，知耻后必有行动。我们常说"知错要改"，知耻后也一定要有相应的行动，停留在心中的"知耻"是于事无补的。

3. 无私

儒家从天人合一的思想中总结出"无私"，它是道德中的重要组成部分。《道德经》用辩证法的思路指出，"非以其无私邪？故能成其私。"意思是：只有你"无私"，才能获得"自私"；只要你"无私"了，"自私"自然不请自来。在中国人的心灵深处，"无私"历经千百年的发展，已经成为传统文化的一部分。

总之，中华优秀传统文化的本质包含民族精神，它协调、推动民族的生存和发展，是一个民族凝聚力、创造力的表现，也是一个民族生存发展的核心基础和灵魂。优秀传统文化与民族精神相互交融，密不可分。

民族的伟大复兴需要优秀传统文化的支持，优秀的传统文化可以传之久远，让中华民族更有底气和信心，可以提升中国人民的思维能力。

中华优秀传统文化在世界文化中独树一帜，它对整个世界文化的发展也产生了重大的影响。高校青年学生作为发展中华优秀传统文化的主力，必须相信优秀传统文化的力量，充满自信，以昂扬的斗志推进事业的发展。

第二节　中华优秀传统文化的影响力

国内外众多民族长久、共同发展出很多优秀的文化，和其他民族的文化一样，中华优秀传统文化是属于全人类的财富，具有独特意义。

一、中华优秀传统文化的传播

中国历史文化博大精深，丰富的科学、文学、艺术、军事、政治等成果传播到国外，与国外交流的同时，从无序发展为有序。近代的落后不能全盘否定传统，中华优秀传统文化始终是世界优秀文化的一个组成部分。

新加坡借鉴了中华优秀传统文化，将其融入社会发展中，提升了总体文明程度。现代性是传统文化的一个因素，有积极意义。我们不能全部否定传统，而应该懂得扬弃，让文化在重新认知和磨合中焕发出新的光彩。

今天的世界东西方思想碰撞摩擦，在这种形势下，应该尊重文化的民族性。建设中国特色社会主义先进文化需要发扬"中国风格""中国气派"

"中国特色"。弘扬优秀传统文化也需要把继承与创新相结合，这样才能让优秀传统文化欣欣向荣、繁盛不息。

二、中华优秀传统文化对亚洲的影响

在整个中国古代，中华文化一直推动亚洲文明的演化与发展。比如朝鲜文化，它深受中国文化的影响。自古以来，中朝之间物质文化交流促进了思想的交融。在中国文化的影响下，朝鲜出现诸多儒学名人。

中国文化对日本文化的影响根深蒂固，从古代开始，中国的文学、艺术、美术、哲学等传入日本，但是日本史料对此记载较少，我们可以在中国史书中找到根据。中国文化对日本文化的深远影响体现在以下三个方面。

首先，日本文字起源于中国。日本文字是由中国汉字经过发展而形成的，与汉字有很多相似之处。

其次，日本在体制等精神方面一直在仿效中国。日本一些编年史等体裁的书籍学习中国的史书，在君臣观念、正统观念等方面受到儒家传统的深刻影响。

最后，佛教作为中国文化的一部分被传入日本。日本受佛教的影响很深远，中国的文化、文学、工艺等被带入日本，这些深受日本人民和广大佛教徒的喜爱。

三、中华优秀传统文化对东南亚国家的影响

在东南亚，很多国家的文化与中华优秀传统文化有着深厚的渊源。我国与越南、泰国、马来西亚、缅甸、柬埔寨、印尼、文莱等国家保持着友好的关系。越南和泰国的礼俗就是受到了中国传统文化的影响，菲律宾的饮食和新加坡的生活习惯都或多或少有着中国文化的影子。儒家思想在其国民教育中扮演着重要角色。

我国古代航海事业的发展有利于我国和世界各国建立友好往来，唐宋时期，对外交流较多，东南沿海的人们向东南亚流动，对文化的传播起到一定辅助作用。

四、中华优秀传统文化对西方的影响

首先，古代器用技术对西方产生广泛影响。从公元 6 世纪开始，中国的四大发明传入欧洲，中国的瓷器、丝绸、养蚕技术等在推动西方文明发展方面起到了关键作用。可以说，中国古代科技在一定程度上开启了西方近代文明。

其次，中国园林艺术对西方产生了深刻影响。每一种艺术形式都包含了独特的结构特点，中国园林艺术具有很大的魅力和极高的欣赏价值，它代表着中国精神和气质。欧洲很多国家学习和借鉴中国园林艺术，这种艺术形式影响了他们的生活方式和情调。

再次，中国的文学作品在欧洲有一定的影响力。在欧洲很多国家的剧作家眼里，中国戏剧有劝善的作用，中国小说、诗歌、戏剧被翻译成英文和法文等，传播中国思想。

最后，中国学术思想对西方产生深远影响。西方人从 16 世纪开始翻译儒家经典，将儒家经典翻译为拉丁文和法文，传入欧洲。

德国哲学思想受到中国哲学的深刻影响，德国哲学家莱布尼兹曾针对欧洲文明中心论，努力为中国文化辩护。法国重农主义经济学家认为，中国实现了道德理性化。康德和费尔巴哈的哲学思想与中国儒家人本主义在逻辑上是一致的。

然而，黑格尔否定了中国哲学和文化，这说明欧洲文化在启蒙运动之后踏上了近代历程，中国文化对西方的贡献渐渐被西方人忘记。

五、理性看待中华传统文化的世界影响

一方面，中华传统文化具有世界性意义。作为世界文明进步的一部分，中华传统文化为中国和世界各国的发展贡献了重要力量。中华传统文化包含儒学世界观中的人道主义思想、道教顺其自然的道德观等，这些理念蕴含着巨大的魅力与强大的力量。

当今社会，人们的生活越来越世俗和功利，物质文明和精神文明没有做到同步发展，因此精神追求缺失，人的精神世界空虚，人与人之间的关系冷漠。经济建设飞速发展的今天，中国的文化建设明显处于落后状态，关注伦理和人心的优秀传统文化可以为现代人走出困惑和迷茫提供智慧启迪，指导人类文明发展。

另一方面，一个民族的文化是世界文化的一部分。当今世界进入高科技信息时代，各个国家、民族间联系日益密切，我国不能闭关自守，需要立足国家、放眼世界，开拓一条有中国特色的现代化道路。

世界文化这个整体和不同民族文化的分支之间是对立统一的关系，共同为人类文化发展涂抹绚丽的色彩。不同民族的文化具有不同的智慧与闪光点，中华文化也应该取长补短，提升文化品格，紧跟世界发展潮流，拓宽视野，走向世界舞台。

总之，以国为家、家国一体、先国后家，是中国传统文化的重要内容。学习中华优秀传统文化可以帮助青年培养"天下兴亡，匹夫有责"的情怀，对国家统一、民族团结、民族发展具有长远意义。在为实现"中国梦"努力奋斗的道路上，每一位青年学生都需要以国家繁荣为最大光荣，增强对国家的认同意识，培养爱国热情，树立对本民族的信心，做自信、自尊、自强的中国人。

儒家以"仁"为思想核心，以"义"为价值准绳。"仁爱共济，立己达

人"是儒家思想中非常重要的价值观念和道德追求。孔子认为，他人和自己不能分割，只有每个人把自己的事情做好，整个社会才可以好。当代大学生需要学习中国传统文化中"仁爱共济，立己达人"的道德思想，做一个讲文明、有素质的中国人。修养人格是儒家思想的重要组成部分，讲人格修养，首先要讲"正心"，就是修养自身的品性。"正心"的关键在一个"正"字。正就是端正，端正内心的同时坚持一心一意，在做人和求学的过程中坚持"笃志"，持之以恒、坚持不懈。"正心笃志"和"崇德弘毅"在今天指的是心理素质的陶冶和培养，这对年轻人来说很有意义。

当代青年学生要在明辨是非、遵纪守法、发奋图强的基础上自觉弘扬中华优秀传统文化，形成良好的道德品质，做守诚信的中国人。高校有责任把大学生培养成知书达理、讲理知义、文质彬彬的接班人。

第三节　文化、传统文化和中华优秀传统文化的关系

一、文化、传统文化和中华优秀传统文化的特点

（一）时代性

社会在不同的时代具有不同的特点，它的产物——文化也具有时代性。

社会在发展进步，各种新文化形式不断出现，无论多么丰富，主流传统文化的地位不能动摇，传统文化必须与时俱进。生活中处处可见传统文化的痕迹。比如，民间故事、历史传记被制成影视剧；综艺类节目结合中华优秀传统文化，用不同的形式呈现；学校开始重视国学经典的教育。从

娱乐休闲到正规教育，从低龄学童到高素质人群，传统文化展现出时代性，渗透到社会的方方面面，让很多人体验和领悟到传统文化的精华。

中华优秀传统文化是中华民族的精神标识和特有的思维方式，它为中华民族伟大复兴提供精神动力和智力支持。中华优秀传统文化集合了传统美德、人文精神等积极因素，作为高校教育管理工作者，需要正确对待传统文化的优缺点，努力实现中华优秀传统文化的创新型发展，为社会主义现代化建设和发展提供精神养料。中华传统文化具有包容性，随着社会的发展还需要具有世界性，从而具有当代性和现代性，这样才能最大限度地发挥中华传统文化的力量。中华优秀传统文化的传承需要适应时代发展，与现代社会相协调，在扬弃和创新中推动社会的发展，成为解决实际问题的文化，让民族精神发扬光大。

（二）民族性

一个民族的特质包括其独特的价值观念、思维方式、精神追求等，这些从文化中可以反映出来。文化的民族性展现出该民族的风格和气派，它让一个特定的民族与其他民族不同，表现出特有的文化心理和文化结构，具有超越时空、地域的意义。

文化的民族性在历史进程中沉淀、稳固，具有相对的稳定性，同时不断更新和发展。因此，在考察传统文化的过程中需要关注文化的连续性，肯定本民族文化的历史内涵，不能割断历史，不能用片面的眼光看文化，而要保持文化的民族性，传承传统文化的优良品德，解决好面临的问题，正确理解其价值。

中华传统文化的形式与内容在继承和发展中不断革新，但有一些基本价值观念是不变的，比如爱国主义思想、自强不息的精神、兼容并包的胸襟等。中华民族精神孕育于中华传统文化之中，反映了民族特有的民族性，体现了民族的气派和风格。

在当今时代，各种文化和思想的碰撞对各个国家的文化和思想产生了影响。中国人民应当维护中华传统文化的民族性，努力发展中华传统文化的民族性，合理运用中华传统文化资源。

（三）群众性

文化由人类创造，包括衣、食、住、行、文等，文化的群众性可以反映出群众的声音，为大众服务。

传统文化中既有精华，也有糟粕；既有群众性的优秀文化，也有脱离群众的糟粕部分。摒弃糟粕部分，传统文化中具有群众性的部分就是优秀传统文化。中华传统文化本质上就是一种关于人的学问，深刻影响着中国社会。传统文化尊重人性，关注人和伦理道德，提倡严于律己、实现价值。

从秦朝以来，集权的封建专制制度延续两千多年，中国文化多元发展，各民族文化互添活力，增强了中华传统文化的凝聚力和生命力。中国人提倡"天人合一"，在人与人、人与事物、国家与民族的关系中追求"和"，在"和"中实现国家的进步及个人的幸福。对"和谐"的追求，体现出中华优秀传统文化对"和而不同"的认可，这就是对人民意愿的尊重，就是群众性的体现。

（四）创造性

精神力量可以转换为物质力量，进而产生更大的影响，精神力量对个人的成长发展、对国家的繁荣进步起着举足轻重的作用。

中华优秀传统文化是传统文化的精华，在很长一段时间处于世界领先地位。诸子百家的典籍、唐宋文人的诗词等，都是人类创造的优秀文化成果。中华优秀传统文化属于传统文化中具有活力的部分，充满创造性，不断适应社会的发展，成为中华文化的瑰宝。

二、文化、传统文化和中华优秀传统文化的联系

（一）主体相似性

文化、传统文化、中华优秀传统文化之间最大的联系就是主体相似性。文化的核心是人，传统文化、中华优秀传统文化也这样，人创造文化，也享受文化，同时受制于文化。人始终是文化、传统文化、中华优秀传统文化的创造者、享受者和变革者。

（二）时代联系性

文化在经历时间的沉淀之后才被称为传统文化。不是全部的传统文化都值得传承和弘扬，"取其精华，去其糟粕"，才有了阐释中国道路与制度、凝聚中国力量的中华优秀传统文化。

（三）长久性

文化、传统文化、中华优秀传统文化对社会的影响都是长久的。相对于现在来说，传统文化是已经发生和存在的、是长久的。中华优秀传统文化是具有中国特色的优秀理念、传统、人文情怀的集合，展现出中华民族独特的思维意识，它的影响更为深远。在当代，中华优秀传统文化是建立在坚持和发展中国特色社会主义理念之上的。

（四）创新性

从背诵古代诗词到学习孔子、孟子的观点，中国人民一直在学习中华传统文化，如今的大学生不仅学习和了解了本国的文化，还开始涉猎其他

民族的文化。这时，已经不是通过肤色、外貌来理解一个民族，而是通过语言、文化进行辨认。

中华优秀传统文化是经历磨难和沉淀形成的，如果想实现超越和新的构建，必须遵循科学方法，反思当下，努力实现转型。

第四节　如何传承中华优秀传统文化

如何传承中华优秀传统文化值得思考和研究。在正确看待文化融合与矛盾的基础上，需要客观评判生存困境，也需要从精神家园的建构角度科学对待和传承中国传统文化。

一、努力构建文化关系的新模式

处理好主流与多元、"一"与"多"的关系，有利于构建文化关系新模式，这是传承中华优秀传统文化的逻辑前提。

发展主流文化的同时不能忘记倡导多元文化共存的发展道路，科学处理"一"与"多"的辩证关系，坚持唯物辩证法的观点与原则，允许其他外来文化与之结合、共同发展、统一起来。与此同时，既要反对文化专制，又要反对文化自由，要增强主流文化凝聚力和领导力。

中国文化发展的科学之路是构筑文化关系的新模式，在民主革命时期和社会主义政权巩固时期，人们需要斗争的理念。现在的"和谐"理念正是文化在改革开放中考虑中国国情的前提下所作出的理性选择。

传承中华传统文化首先需要合作互动，在不同文化的和谐统一中巩固社会主义文化的主导地位。在具体实践方面，中国文化需要包容差异，整合多样性文化，达到巩固社会主义文化主导性的目的。

在努力构建文化关系的新模式中，需要在全社会确立社会主义文化的先进性和主导性，从不同社会需要出发，作出文化宣传的层次性判断，不能太过理想化。

二、科学地对待各种社会思潮

社会发展必然带来文化领域的多元化，为了更好地传承和发展中国传统文化，需要遵循唯物主义历史观，丰富和更新文化内容。正确处理多元文化之间的关系，要全面掌握文化基础，科学合理地看待各种社会思潮。

在复杂的文化领域，必须以马克思主义为引领，发挥其在社会中的思想整合功能，根据社会实践的变化及时调整，保持社会主义文化的先进性，改变阶级斗争的思维，关注人的价值，反对"左"和"右"的错误。

一般意义上，人们认为社会思潮反映了一定阶级利益，具有一定影响力，有比较系统的体系。中国人民需要保持文化自觉性，客观对待多元社会，科学地处理好复杂的文化问题，正确看待社会思潮。

一些社会思潮具有反马克思主义的特点，试图瓦解社会主义文化形态，争夺领导话语权，影响文化发展方向。因此，人们需要认清各种社会思潮的本质，理性看待它们，提高侦察能力，正确辨别不同社会思潮的本质差异。

理论一旦被掌握，能够变成物质力量，社会思潮通过理论优越性和学术求真性获得人们的认同，确立地位。人们必须用科学理论武装自己，看清楚文化现状，巩固马克思主义文化主导地位。

三、辩证对待中国传统文化

中国传统文化具有丰富的思想精华，指导我国文化的复兴。传承与创新之间的辩证关系需要在发展和弘扬中国文化的过程中处理好。

在中国文化的传承和发展之中，不能全盘否定，也不能认为中国传统文化很完美，没有任何不足，而要既反对历史虚无主义，又反对国粹主义，辩证看待问题，客观面对现状，不带有偏见。

对中华传统文化需要批判地传承，因为它本身就是一个庞杂的体系，正面与负面因素同在，所以需要在正确的方向指导下，运用科学方法，推动文化进步。

四、积极弘扬民族精神与时代精神

优秀的民族精神可以增加人们的归属感和自豪感。中国文化的价值观念和精神塑造了中华民族独特的精神气质，是安身立命之本。

中华儿女需要发扬中华传统文化中的优秀思想，构建中华民族共有的精神家园，让中华传统文化成为民族性格，融入民族血脉，创新传统文化；与此同时，弘扬传统文化与创新不冲突，传承传统的同时，要不忘吸收新的内容，保持文化的与时俱进，具体而言包括以下四个方面。

第一，要取其精华，去其糟粕。中华传统文化当中有许多封建文化的糟粕。这一点并不奇怪，因为，中华传统文化在很长的时期是在封建社会的母体内发展、演变的。历代以来，中国的封建统治者为了维护其统治，拼命地把中华传统文化作为救命稻草，对中华传统文化进行改造加工，对老百姓实行文化愚昧和文化统治，使得中华传统文化，尤其是作为其核心的儒家文化，里边有许多理论是为封建统治服务的，需要认真地进行识别。

第二，要以立德树人为根本目标，用文化来育人。中华传统文化关注立德树人，不同于近代西方关注知识和专业技能的教育，中华传统文化一向以"立德树人"为宗旨。今天，我国需要抓住教育的关键问题与急需解决的矛盾，将德育、育人与文化学习相结合，把学生发展与德育相结合，让学生深刻体会到我国传统文化的内涵，同时解决他们发展中遇到的具体困难。

第三，要寓教于乐，在体验中学。文化教育应该让学生在体验中学习，寓教于乐。文化不是一个独立存在的学科，各种知识中都涵盖文化的方方面面。在教育过程中，教师要通过切身体验，表现出积极的文化精神，学习中华传统文化不仅依靠课堂讲授，而且需要在社会实践中进行。

第四，要立志传承、创新中华优秀传统文化。学习的目的是传承，传承的目的是发展和创新。传承与创新密不可分，要做到传承中有创新，创新中不忘传承。

第六章
中华优秀传统文化的发展现状及分析

第一节　中华优秀传统文化的发展概况

一、国内发展概况

我国文化产业起步较晚，导致文化事业和文化产业区分不明显，文化产业道路崎岖，直到党的十六大和党的十七大，我国的文化产业的商业属性才被确定下来，并且还陆续出台了与文化产业相关的政策。国家统计局在 2006 年 5 月 19 日才第一次统计了我国文化产业的数据。该数据显示，与发达国家相比，我国的文化产业还显得微不足道，在世界文化中的比重还很小。自从我国加入 WTO 后，文化产业的发展有了一些进步，比重和重视程度都大大提高，可以说加入 WTO 是我国文化产业发展的过渡阶段。在我国文化产业的发展过程中，可以充分利用国内与国外市场，学习发达国家在文化产业方面的经验。但是，在文化产业发展过程中也面临着许多的困难和挑战，这主要是受文化产业的性质影响的，文化产业具有商业和意识形态的双重属性，文化产业可以促进一个国家的经济政治发展，对社会具有凝聚作用。我国文化的价值主要表现在文化产品和文化服务组合的过程中，并再生产着文化身份。我国现在还只是发展中国家，所以在文化发展过程中应该时刻警惕和防范以美国为首的一些西方发达国家的各种文化渗透和西方化的和平演变。我国在学习引进国外优秀的生产技术、管理方式、资金时，必须重视我国文化产业在发展过程中受到的不平等待遇和各种挑战。在文化发展的今天，有许多跨国文化公司开始在我国植入他们国家的文化，比如，华纳媒体、新闻集团、迪士尼、贝塔斯曼集团等企业。这主要是因为我国在进一步融入世界经济体系的过程中，西方一些国家开始进军中国这个庞大的文化市场。当西方国家进入中国市场后，这些企业利用自己的资金、技术、管理、市场营销等方面的优势，对我国文化市场进行挤压和控制。我国经过长期的实践和探索，形成了自己的文化发展思路，确定了文化产业发展的基本战略，逐渐重视文化市场的主体作用，并建立了很多传媒集团，如广州日报报业集团、上海文广新闻传媒集团、南方报业传媒集团等，同时经过创新改革了"双轨制"，逐渐改善文化机构与国家之间的关系，建立起独立的市场机制；但是，在产业集团发展过程中，因为受到过多来自政府的干预，市场的自主竞争过少，导致市场在资源配置中的基础性作用被取代，以市场为主体的地位被削弱。另外，规范的准入和退出机制在我国当前文化市场较为缺乏，市场竞争也尚未实现公平公正。所以，能够真正适应市场环境，并按照规范正确的现代企业方式运作的文化企业，在我国文化市场上还不太普遍。随着我国大批民营文化企业进入文化市场，基本形成了与国有文化企业并存的地位，但是由于我国文化体制等方面的原因，我国民营文化企业现在的发展还是比较困难的。

二、国外的发展概况

中国传统文化博大精深，吸引西方一些国家纷纷前来学习。世界各国于 2004 年开始建立孔子学院，孔子学院是国际文化交流的重要机构，可以开展汉语推广、文化交流等活动。从 2004 年世界上第一所孔子学院成立至今，孔子学院的规模不断扩大，数量也不断增多。如今，国外学校国际化的重要标志就是孔子学院的建立。同时，孔子学院的地位也越来越高，并且成了我国公共外交的重要名称。孔子学院这个名字被大众所熟悉，之所以以孔子命名是因为孔子被大众所熟悉和认同。孔子学院传播中国传统文化的力度很大，传播的范围广，代表着我国的文化底蕴，让中国文化走出去，还可以作为世界各个国家沟通学习借鉴的重要纽带，所以，现在我国已经把孔子学院作为中国传统文化走向国际化的重要标志。孔子学院遍布世界各地，在非洲的发展相当迅速，并且有着非常好的发展前景。孔子学院在非洲不仅可以传播中华文化，还可以增进中非友谊、促进中非合作，使中非成为战略合作伙伴。多年来，为了提高孔子学院的宣传力度，满足各个国家学习中国文化的要求，孔子学院的总部派出了众多志愿者，从而促进了中非和各个地区的友好发展。

孔子学院现今为了化解各个国家和地区间的文化差异，正在实施新汉学计划，以便更好地传播中华民族几千年的传统文化。今后，孔子学院将会再接再厉、不断创新，让亚非拉等国家不仅可以学习到中国的传统文化，还能让这些国家学习中国技术。孔子学院将会办得更有特色，彰显文化的高层次。中国与世界各国之间还应该加强文化交流，这就需要我国加大开放力度，让更多的学生可以走出国门，将中国的优秀传统文化传播到世界各地，让其他国家的学生也能爱上中国文化，并能感受到中国传统文化的浓厚氛围。中国是世界四大文明古国之一，旅游和文化是密不可分的，在我国加大开放力度的同时，旅游文化可以把中国文化传播出去，使中国文化走出国门，与各国进行文化交流，旅游还能够让中国传统文化深入人心，使文化更加立体。旅游是文化的载体，能够承载文化、传播文化；文化是旅游的灵魂，能够丰富旅游的乐趣和价值。我国也应该利用文化带动经济的发展，使中资企业走出国门，能够与全世界各个国家互相交流、共同进步。

（一）儒家文化在东亚地区的传播

孔子文化在东亚地区传播得非常广泛，对东亚地区的影响也非常巨大，学者们对儒家文化进行了深入的研究，他们从不同的角度对孔子文化在东亚地区的传播进行了反复分析。孔子文化之所以能在东亚地区广泛传播并且能够有所发展，是多种因素造成的。其中，较为重要的因素有：东亚地区的相关政府对孔子文化的大力支持、在制度上以科举制度的建立为保障、鼓励当地学生到中国来学习、儒家大量经典典籍文献不断被引进、设立了许多孔庙举行释奠礼来提高孔子文化的影响度。这些措施都能够促进中华优秀传统文化在东亚地区的传播和学习。

1. 各国政府的积极倡导

孔子文化在韩国很早就有涉及。韩国一位著名学者柳承国说过："与燕昭王同时的古朝鲜社会已习得中国儒教思想，并活用于解决国际间之难题。"由此可见，孔孟思想于公元前 4 世纪左右，已经在韩国社会起了机能性的作用。另外一位韩国学者金忠烈认为，儒家思想在传播过程中会在其他国家有一定的适应时期，但是儒学在公元 100 年左右的汉四郡时代很快地被人们所接受。在公元 4 世纪左右，儒教就已经开始被传播和广泛运用。换句话说，孔子文化从战国时期就已经传入朝鲜，到了汉代在朝鲜的作用十分明显。早在我国公元前 108 年，中国就在朝鲜设立了郡县，孔子文化中的治理地方的思想较大地影响了朝鲜的生活。

公元 675 年，新罗和中国正处于交往最密切的时期。新罗统一朝鲜和中国大唐王朝的繁荣是密不可分的，两国的交往也促进了孔子文化在朝鲜的传播和发展。在新罗神文王二年时期，朝鲜在首都庆州建立了隶属于礼部的国学。朝鲜课堂上的教授内容也主要以儒家经典为主，学习的相关书籍有：《左氏春秋》《尚书》《周易》《礼记》《论语》《孝经》等。其中的《论语》《孝经》两册书籍是学生们的必学科目。新罗在地方上也同样设有学校。

李朝建立后，李太祖注意运用儒学教育官吏，并沿袭高丽末期的学制，由中央设置最高教育机构，仍称成均馆。1393年，在地方上，李太祖命令按察使将学校兴废作为考核地方官政绩的依据，李朝还用孔子的文化改善社会民风。此外，李太祖颁发了教令，以十二事晓谕军民，其中一项便是褒奖忠孝节义。李朝将儒家经典广泛传播，使孔子文化不断普及，影响范围更加广阔，同时也使李朝的社会风气得到了优化。

日本是通过朝鲜半岛将孔子文化引入的，所以日本接触孔子文化也比较晚。应神十六年，百济人王仁携带着10卷《论语》和1卷《千字文》到达日本，从此汉字在日本广为流传，日本开始将汉字作为正式的书写文字，并使用汉字为日语标注音标。日本也因此在朝廷中开始教授儒学，以儒学为孔子文化。孔子文化不仅让百姓得到熏陶，连皇太子也拜王仁为师，皇族和高级官吏的子弟也开始学习儒家经典，品读《论语》。在此后的200年间，日本以百济为纽带学习孔子仪化，但是孔子文化传播只在王子的范围里，他们主要学习的是《论语》一书的内容。古代统治者对孔子文化越来越重视，学习的意识越来越强烈，并且利用各种方法大力传播孔子文化，让孔子文化深入人心。

到了公元6世纪初，儒学才作为一种学术思想传入日本，并形成了完整的教育体系。根据《日本书纪》继体天皇七年（513年）六月条载，百济"贡五经博士段杨尔"，三年之后（516年）"别贡五经博士汉高安茂，请代博士段杨尔"，在此之后才形成以轮代交替为主的制度。钦明天皇十四年（553年）派使者前往百济，要求"医博士、易博士、历博士等，宜依番上下。令上件色人，正当相代年月，宜付还使相代"。到了第二年，百济"依请代之"，并且，派出了我国许多博士前往，后续还增加了五经博士、医博士、易博士、历博士等，前往日本学习，互相探讨学术，这体现了我国的博大胸怀，对知识的渴求和对学术的向往。

古天皇圣德太子为孔子文化的传播作出了很大的贡献。圣德太子摄政期间，实施了有利于传播孔子文化的相关政治改革，其中比较著名的是公元604年的"宪法十七条"，在宪法中不仅有佛教思想，更多的是孔子文化，还有一些语句直接来源于儒家经典。大宝元年修改的《大宝律令》将改革以法律的形式固定下来。另外，《大宝律令》在第二十二条"学令"中对教育制度问题作出了严谨的规定。"学令"规定：大学寮设大学头，置博士、助教，教授儒家经典，"凡博士、助教，皆取明经堪为师者。"这说明，大学寮的教材主要是九经，"凡经：《周易》《尚书》《周礼》《仪礼》《礼记》《毛诗》《春秋左氏传》各为一经。《孝经》《论语》，学者兼习之。"公元710年，奈良时代开始，日本把平城、京（奈良）定为首都，孔子文化教育得到大力发展。奈良朝在教育方面遵循的是《大宝律令》，儒家思想和教育方式在日本得到了新的发展。奈良朝十分重视儒家思想中的伦理道德，包括忠、孝、礼等观念，其中孝的观念最为人们所认同。平安朝也延续了奈良时期的教育制度和教育方式，并且丰富了大学的内容，扩充了大学寮中的明经、纪传、明法、算四道，其中的明经道最受当时人们的推崇和认可。根据当时社会人们的需要，平安朝依然主张孔子的伦理道德、孝道。天皇本人也带头学习，并且大力宣传和使用唐玄宗御注的《孝经》，提倡把儒家的伦理观念作为民风民俗的基本标准。

在江户时代，幕府的最高学府为昌平坂学问所，即昌平黄。这所学校是完全教授儒学的学校。幕府十分支持儒学的发展，以至于各个藩都开始学习儒学经典。江户初期，藩学的名称还可以叫作"学问所""稽古所"或者"讲释所"。到了江户后期，学校名称是自经义演变而来，如"明伦堂""明伦馆""弘道馆""日新馆""崇德馆"等名称。另外，各个地方也都纷纷建立起寺子屋和心学供平民子弟学习，接受儒学的道德思想教育。在江户时代的初等教育机构中，心学也包括其中，心学主要内容是教授儒学修身伦理方面的知识。寺子屋及心学已经在全国各个地方开始推广，而且心学的学习不分男女，可以被社会所有人研究，这让儒家的孔子思想得到普及。

南方的越南和临近中国的日本相比较，受到中国传统文化的影响比较早，因为南方的越南曾经是中国的郡县，所以接受中国传统文化的影响就更方便。秦始皇时，象郡在越南北部和中部设立。秦末汉初，秦朝就把赵伦派到南海做地方官，把南海、桂林、象郡二郡划分到了中国，并且在公元前 207 年建立了南越国。在汉武帝元鼎五年时期灭南越国，之后在公元前 111 年在越南设立交趾、九真、日南三个郡。经历东汉、三国、两晋、南北朝、隋、唐而至五代，越南依旧是中国的郡县，所以中国学者和太守刺史在出任越南时，在越南大力宣传孔子文化，并且通过在民间的互动，让孔子文化深入百姓心中。因出任越南的太守、刺史们的倡导，东汉的郡守特别注重孔子文化在越南的传播，利用孔子文化改善落后的风俗习惯。这一时期，交趾太守锡光和九真太守任延对孔子文化在越南的传播作出了很大的贡献，三国时代的士燮在越南对孔子文化的宣传起到了初步奠基的作用。晋时我国仍然向越南派出刺史、太守等地方官，也允许越南人到中国参加贡举，还可以在内地当官。孔子文化在每个时代都有所发展，唐朝时期在交州设都护府，地方官注重考核文教，为的是可以振兴儒学。各地都为越南学者开辟科举考试，让孔子文化在越南得到广泛传播。

939 年（后晋天福四年），越人吴权独立后，建立吴朝，之后产生的丁朝、黎朝国家寿命都很短暂。1010 年，李朝在越南建立，同时也开始认识到儒学的重要性。古代的例子有李朝太宗（佛玛）天成年间，对付武德、东征、翔圣三王作乱的方法是"张旗帜，整队伍，悬剑戟于神位前，读誓书曰：为子不孝，为臣不忠，神明殛之。"李太宗通瑞五年二月，为了发展农业、繁荣经济便筑坛祠神农，帝执耒欲行躬耕礼，但是当时有许多官吏劝皇帝不要整天为农事烦扰，李太宗的回答是："朕不躬耕，则无以供粢盛，又无以率天下。"越南建立从中央到地方、从官学到私学的完整的儒学教育制度是从陈朝开始的。在陈朝刚立国之时，太宗陈煚确立了国子监在中央最高学府的位置。之后又建立了国学院，国学院主要是为了讲授中国传统经学。

越南早在陈朝就已经实行了太学教育方式，学者如果想要在朝廷中有所作为，就需要通过儒学方面的考试。据古书记载，陈明宗在大庆元年"冬十月，试太学生。赐爵簿书令，命局正阮柄教习，以为他日之用"。当时的皇帝非常重视太学教育，所以考试期间，皇帝都会亲自监考。陈朝废帝昌符"八年春二月，上皇于仙游山万福寺，试太学生段春雷、黄晦卿等三十名。夏五月，选太学生，余数为葆和宫书史。"这句话可以看出儒学教育体系在当时的教育体系中占据着非常重要的地位。陈顺宗光泰十年夏四月，在于州镇设置教授、监书库职位，目的是发现民间的优秀学者。同年五月，陈顺宗下诏曰："古者国有学，党有序，遂有庠，所以明教化敦风俗也。朕意甚慕焉。今国都之制已备，而州县尚缺，其何以广化民之道哉！应令山南、京北、海东诸路府，各置一学官，赐官田有差，大府州十五亩，中府州十一亩，小府州十亩，以供本学之用。告朔一分，学一分，书灯一分。路官督学官教训生徒，使成才艺，每岁季则选秀者于朝，朕将亲试而擢之焉。"虽然陈朝的诏令没有被充分实施，但陈朝的儒学教育已经形成了一套完整的制度。

明成祖四年至宣宗二年的 20 年间，越南北部在明成祖的统治下，大力发展儒学。史载，明成祖永乐五年在越南诏访"明经博学、贤良方正、孝悌力田"之人送京录用。永乐十五年时，明朝学者又有"岁贡儒学生员，充国子监，府学每年二名，州学二年三名，县学一年一名，后又定府学每年一名，州学三年二名，县学二年一名"，并且要求每年在国子监的制度中加入儒学子弟，学习儒家思想文化。这一举措让孔子文化在越南得到传播发展。

在后黎，孔子文化教育有了更大的发展。黎太祖顺天元年在京城设立国子监，设置了祭酒、直讲学士、教授等职位，这是由于接受了纳阮荐的建议，而且在各个路县设立学校，置教职。黎太宗统治时期，为了提高儒学子弟的社会地位，在 1434 年让国子监生和县生着冠服，并且和国子监教授及路县教职共同着高山巾。另外，黎圣宗为了展现对孔子文化教育的重视并提高儒生的地位，有时会亲自来到学校。史载黎圣宗"洪德七年春二月，帝亲幸学"，他这样做只是为了监督、督促和鼓励支持国子监中的学生学习儒学。1484 年，黎圣宗定国子监三舍生除用令，并且依照会试中场的数量把学生分为三舍，这就像是将学生按照成绩分成三个等级。1802 年，阮朝依旧延续黎朝的传统，并且更加重视和尊重儒家思想道德。朝臣吴廷价等大臣在皇子教育方面提出了建设性的意见，强烈要求并上奏提出集善堂（诸皇子讲学之处）的规章制度。除此之外，阮朝还主张各级的儒学教育。阮朝在嘉隆二年在京城顺化之西建国学，又于全国各营镇置督学，对士子的课堂进行监督和督促，并且学习科目为士法，申定教条，颁布实施，教学内容都是一些经典的儒家著作。

2. 孔子文化的传播利用

中国古代选拔人才的方式是科举制度，它在中国影响时间很长，对历史具有推动作用，是一种相对公平的选拔方式。这样一种优秀的制度，曾被中国周边的朝鲜和越南所采用，并且效果也很好。日本虽然也崇尚儒家思想，但是日本并没有效仿中国的科举制度。在朝鲜，新罗最高领导者利用儒家思想作为选拔人才的标准，希望利用儒家思想培养出对国家有用的人才。据载：元圣王四年，要想有所作为就要努力读书，成为三品之士；要想了解书中意义就要读《春秋左氏传》《礼记》《文选》《论语》《孝经》《礼》《论语》《曲礼》等书籍；博览五经、三史、诸子百家的人，就是十分优秀的人。科举制度在朝鲜的发展使孔子文化与仕途相联系，促进了孔子文化在新罗的繁荣。

918年，高丽王朝建立后，为了扩大儒学的传播范围，采取了许多制度、方法，其中利用科举制度是最主要的方法。书中记载："三国以前，未有科举之法。高丽太祖，首建学校，而科举取士未遑焉"，一直到"光宗九年五月，双冀献议，始设科举。试以诗、赋、颂及时务策，取进士兼取明经、医、卜等业"，且"大抵其法颇用唐制"。这说明了在实施科举制度期间产生了许多的弊端，最后经过高丽学者们的研究，逐渐用仕进制度代替了科举制度。

在高丽科考中，主要内容基本以儒家经典为主，显宗十五年判明经则试五经。宣宗时期的科举考试中更注重的是礼，并且将《礼记》作为大经，将《周礼》和《仪礼》作为小经，三传中将《左传》作为大经，将《公羊传》和《谷梁传》作为小经。在仁宗时期《毛诗》《尚书》《春秋》《周易》四经的考察也包括在其中。为使科举切实起到尊孔崇儒的作用，靖宗十一年四月制定了一个规定：不忠不孝者与五逆五贱部曲乐工的子孙均不许赴举。这项规定让儒家思想切实地融入科举考试中，这些制度的实行，让文人学者对孔子文化的学习更有积极性。

李朝时期，在文科考试中的科目主要以对儒经的理解为主，其中生员试和进士试也都把儒家经典作为考试的内容。生员是以考察对儒经的理解认识为主。进士是考察作汉诗文的能力，如果想要进为官员，那就需要生员与进士再参加文科考试。武科考试不仅考察兵学、弓术、骑术等，还把儒家经典文化作为考察方向。因为文武两科考试都考察儒经的学习，所以这就让更多的人学习儒家思想，从而巩固了儒家经典的地位。儒家思想在不断完善发展的过程中，从孔子文化发展为朱熹的理学，但是孔子文化依然有一定影响。

越南李朝时期在1075年第一次实行科举取士的制度。据载：李仁宗太宁"四年春二月，诏选明经博学及试儒学三场，黎文盛中选，进侍帝学"。在此之后，李高宗开始多次用儒经招纳民间人才，如1185年，李高宗"试天下士人，自十五岁能通诗书者，侍学御筵，取裴国汽、邓严等三十人，其余并留学"。将科举制度与仕途相结合，让孔子文化的推广范围更广。

科举制度在陈朝进一步被完善。据载：陈太宗建中八年（七月改元关应政平）二月，"试太学生。中第一甲张亨、刘琰，第二甲邓演、郑缶，第三甲陈周普"，科举制度被人们广泛认可。

在胡朝，科举制度被重新设定和完善，并且不断向各个地方推广孔子文化。史载："胡朝汉苍开大二年，汉苍定试举人式，以今年八月，乡试，中者免徭役。明年八月，礼部试，中者免选补。又明年八月，会试，中者充太学生。又明年再行乡试，如前年。时士人专业，期于进取，止得礼部试，遭乱中止。试法做元时，参场文字分为四场，又有书算场，为五场。"这段记载说明了胡朝虽然很短暂，但是也开设了科举制度，表明当时社会对运用儒家思想考察人才是相当重视与认可的。

科举制度在黎朝得到了完善。黎太宗在黎朝初年就确定了将"精通经史"作为选拔人才的标准，但是这还不是最完善的科举制度。黎太宗在绍平元年才将科举选拔人才作为正式的制度。被选中的人才分为三甲：第一甲是进士及第，第二甲是进士出身，第三甲赐同进士出身。黎仁宗时，前三名又分为状元、榜眼、探花三种。这些制度建立之后，科举制度在黎朝才得以完善。以科举制度为主的选拔人才方式，极大地提升了孔子文化的影响力。阮朝的取士制度也依然仿照前朝。阮世祖时开创了以乡试、会试的方式选拔人才。阮圣祖明命十三年十月，定乡、会试法三场。另外阮翼宗时，颁布了新的选拔制度，即除授之法，其中把考中的人分为教授、编修，并升知县、知州等。科举制度被阮朝历代所运用，考试内容一直以"四书""五经"为主，所以越南自通都大邑到穷乡僻壤，官民子弟都争先恐后地学习儒家经典，想利用自身的努力考取功名。

3. 大力传播孔子文化

古代中国由于受到"礼闻来学，不闻往教"的传统思想影响，所以显得相对封闭，以至于不能主动向其他国家传播孔子文化。这样的情况让周边国家实行"拿来主义"，孔子文化在东亚一些地区传播，并对东亚地区产生了一定积极作用。这种"拿来主义"，具体地说就是其他国家主动派遣使者和留学生来学习中国传统文化，包括孔子文化，日本和朝鲜就是明显的例子。早在 640 年，高句丽就开始多次向唐派遣留学生。后期又派学者到宋朝入国子监学习中国传统文化，学习和参加中国的科举。到高丽末年，来明的学生人数更多。

新罗也曾派遣自己国家的学生来到中国学习孔子文化和中国传统文化。这一观点在书中的记载是"九年夏五月，王遣子弟于唐，请入国学"。孔子文化的风气逐渐发展是在新罗统一后。在新罗，孔子文化发展也是相当快的，例如，唐开元十六年，新罗"遣使来献方物，又上表请令人就中国学问经教，上许之"和"唐开成二年三月，……新罗差入朝宿卫王子，并准旧例。割留习业学生，并及先住学生等，共二百十六人，请时服粮料"。这两处记载可以充分证明孔子文化在当时新罗的发展水平。当时新罗派大量人员到中国学习传统文化和孔子文化，在 840 年的一年之内派往中国唐朝的留学生达到一百零五人。唐朝的科举制度可以允许新罗人民来到本国考取仕途，因此，当时不少新罗人来到唐朝参加科举考试。因为唐朝实行这种开放的制度，所以自 821 年以后，新罗人中有很多都考取了官职，比如金云卿、崔致远、崔匡裕等，其中崔致远的名声最大。

日本留学教育的产生要早于朝鲜。日本在当时非常重视对孔子文化的学习，所以在圣德太子时期，就派大量的留学生到中国学习孔子文化。日本在推古天皇十五年和十六年期间曾两次派小野妹子到中国学习孔子文化。之后还派了高向玄理、南渊请安、僧旻等八名留学生和学问僧同行，使日本成为到中国学习孔子文化人数最多的国家。除了派留学生到中国学习外，日本和中国还有许多非正式的交往，具体表现在日本让留学生和学问僧来到中国学习中国传统文化和孔子文化，这些留学生、学问僧经过学习探讨研究后回到日本受到日本朝廷的重视，这些留学生对传播孔子文化有着重要的作用，同时还促进了两国的经济政治往来。日本设置官治最早是在孝德天皇大化元年，僧旻和高向玄理被任命为国博士。南渊请安从中国学习后回到日本，通过自己的学习和探究撰写了许多书籍，并且成为日本有名的大儒学家。在公元 645 年，日本皇极女皇让位于孝德天皇，建元大化时期，任命僧旻、高向玄理为国博士，他们的主要任务是对日本的经济政治制度进行改革。另外，在大化二年，孝德天皇发布了大化改新的诏令。在日本这一巨大的社会变革中，孔子文化起到了积极的促进作用。

大化改新之后，日本国内大力发展儒家思想，支持人们学习孔子文化，让孔子文化得到了空前的发展。在 630 年，日本第一次派出犬上御田锹作为使者到中国的唐朝进行交流学习。到 894 年的两百余年间，日本曾派学者到中国唐朝学习次数达 19 次之多（正式派遣并到达唐朝的为 13 次）。在日本的奈良朝也同样重视孔子文化的传播，为了学习孔子文化也前后多次派出学者到中国学习探讨学问。来到唐朝学习的日本学者们一般都是来到长安，在国子监所属六学馆之一学习儒家经典文化。日本派出的学者中，为日本作出较大贡献的就是吉备真备。在回到日本后，他被日本天皇任命为大学助教，让他教 400 名学生学习五经、三史及其他在中国学到的技艺。他曾经还被封为东宫之师，在孝谦女帝的少女时代向她传授自己学到的儒家思想文化。据载："孝谦帝在东宫，为学士，授《礼记》《汉书》，恩宠甚渥。"吉备真备还通过自己所学撰写出关于儒家思想方面的文学著作，其中一本《私教类聚》就是教导人们要终生遵循儒家道德，以儒家思想作为道德生活准则。

4. 儒学经典和孔子文化的传播

儒家的哲学思想是孔子文化的核心内容，而儒家典籍则是哲学思想的载体，所以儒家经典书籍为孔子文化在东亚地区，如朝鲜、日本、越南等地的传播作出了很大的贡献。

儒家经典书籍在高丽地区的流传使孔子文化在高丽被大为传播。宋朝初年是禁止书籍传播到其他国家的，但是在 10 世纪，中国却只对高丽国家开放禁令，这一历史事件在高丽有所记载。比如，宋淳化四年高丽派学者到中国宋朝就记载："上书愿赐版本《九经》，用敦儒教。"宋大中祥符九年，高丽又派本国学者到宋朝学习孔子文化，并且宋朝皇帝赐他《九经》《史记》等书。在宋哲宗登上皇位时，又赐给高丽学者《文苑英华》一书。1314 年，元世宗再次赐给高丽宋秘阁旧藏的善本书 4 371 册。同样，明太祖二年又赐高丽六经、四书、通鉴。当时中国统治者还下令允许高丽人在本土购买孔子文化的史书典籍。根据记载，宋元祐七年，高丽曾经派黄宗来到宋朝"请市书甚众"，后"卒市《册府元龟》以归"。高丽宣宗时"每贾客市书至，则洁服焚香对之"，这些记载可以证明当时高丽对中国传统文化和孔子文化的重视。在宋朝的开放制度下，中国的儒家经典书籍逐步输送到高丽地区。但是从中国传入的儒经已经完全不能满足学者们的学习研究，所以高丽成宗九年在西京设置修书院，主要目的是让学者们大量抄写与孔子文化相关的史书典籍。文宗十年，西京留守上奏文宗认为抄写中国孔子文化典籍是存在弊端的，他说："京内进士明经等诸业举人，所业书籍，率皆传写，字多乖错"，于是高丽人民又发明了木版刻印。从此，中央和地方都开始对中国的儒家经典进行木版翻刻。但是木板印刷的印数有限，还不能完全满足人们对儒学的学习要求，所以高丽在 13 世纪中期引进了中国 11 世纪中期发明的活字印刷技术，大大地提高了印刷数量。高丽又于 1392 年设置书籍院，目的是专门铸铜进行活字印刷发明技术的不断革新，使儒家经典被大量翻刻，同时也使孔子文化得到传播，让更多国家的人能够接触并学习孔子文化。李朝时期大量印刷儒家经典，让孔子文化的学习更加方便。1403年，太宗说："凡欲为治，必博观典籍，然后可致格治修齐治平之效，然书籍甚寡，故欲铸铜为字，印行所得之书。"所以当时李朝开设铸字所，铸铜字为的是能够更多地印刷儒家经典。这进一步促进了孔子文化的传播。

大量向奈良朝输入儒家经典也使孔子文化得到了发展。每次奈良在派遣留学生到中国学习的同时，都令学生带回大量的儒家书籍和经卷，并进行抄写。到了奈良末期，儒家典籍已经广为人知。到了平安时代，日本继续派往学者到中国学习传统文化，引进儒家经典。例如，天皇宽弘三年，宋商令文将《白氏文集》及五臣注《文选》赠送给摄政藤原道长。另外，在天皇万寿年间，辅亲将从中国宋代商人中购买的《白氏文集》等书籍献给了朝廷。日本平安朝时期也多次派遣学者从中国带回儒家经典书籍。日本从中国大量引进儒家经典书籍，为孔子文化在日本的传播提供了机会。

儒学在江户时代的发展主要得益于对儒家书籍的大量引进和翻刻。清朝建立以后，制定了一项政策——解除海禁，这让日本等国家与中国的经济、政治来往沟通更加密切，也让中国的古书大量销售到国外。清代康熙、乾隆年间，编纂事业的发展规模不断扩大。这一发展使中国古书大量传播到日本，其中《古今图书集成》传入的时间最早，明和元年全书一共一万卷，通过清朝商人全部运往日本，并将这些书籍典藏在江户文库中。1835 年，《皇清经解》全书 1 400 卷也通过中国商人传入日本。高仓天皇统治三年，清盛获得中国的《太平御览》一书献给安德天皇。日本在其后对这些书籍进行翻刻的过程中，如江户昌平校或者圣堂官板翻刻的书籍中，清人的著述有数十部。

日本明治维新以后对儒家经典的翻译，以注释和研究工作最为积极。根据胡道静的研究，日本是翻译我国古书最早、最多的国家。孔子文化在日本明治维新后得到大力发展。

越南获得儒家经典书籍在记载中最早是黎朝末年时期，《越史通鉴纲目正编（卷一）》有记载："黎帝龙铤应天十四年，造弟明诞与掌书记黄成雅献白犀于宋，表乞九经及大藏经文，宋帝许之。"另外据《宋史真宗本纪》一书中的记载："景德四年七月乙亥，交州来贡，赐黎龙铤《九经》及佛氏书。"这两本书中所记载的概念大致相同。

为了让孔子文化也能在越南发展，李朝派贡使将书籍传入，据载：宋徽宗"大观初，安南贡使至京乞市书籍，有司言法不许，诏嘉其慕义，除禁书、卜筑、阴阳、历算、术数、兵书、敕令、时务、边机、地理外，余书许买"。说明在当时的制度中，儒经是可以进行购买和传播的，并不在禁止的范围之内。《宋史神宗本纪》记载："元丰元年曾诏：除九经外，余书不得出界"。这句话也说明了当时宋朝统治者是允许孔子文化进行自由传播的，这也为孔子文化传入越南提供了契机。

黎朝时，明商将很多东西从中国运往自己的国家，其中就包括大量书籍。每当明商把书运到越南时，越南人不论价格高低都会大量购买。史载：越南"士人嗜书，每重赏以购焉"。又有记载：越南递年差"使臣往来，常有文学之人，则往习学艺，遍买经传诸书，并抄取礼仪官制"。这些记载说明了儒家经典不仅通过中国商人传播到其他国家地区，还通过越南人自己前来购买大量史书典籍等途径使孔子文化在其他地区传播发展。此外，黎王还通过朝贡的方式换取中国的儒家经典书籍。但是通过这些方法从中国得到的书籍数量有限，不能满足黎朝的需要，因而随着印刷术的传播发展，在 15 世纪以后儒家经典书籍在越南流通的数量越来越多。

5. 祭孔与孔子文化发展的关系

文庙是孔子文化的物质载体和象征。文庙是用来祭祀孔子及历代先贤先儒的地方。祭祀文庙的礼仪是"释奠礼"，而"释奠礼"是中国传统社会的"国祭"。文化史上比较独特的方式是文庙释奠礼，它出现的时期虽是在上古时期，然而它的雏形可以追溯到孔子去世的鲁哀公六年；但在此之后，它的发展越来越偏向于国际化。在公元 3 世纪左右，文庙祭祀就已经在时为中国郡县的朝鲜多次举行，另外新罗开设文庙是在其国家独立后的 8 世纪。日本举行释奠礼是在大化革新时期，并且在江户时期有许多孔子庙被建立起来。最晚建孔庙祭祀孔子的是 11 世纪的越南地区。释奠礼在各个国家建立和发展，并且延续至今都没有摒弃，这让孔子文化不仅在当地有了知名度，还让孔子文化的影响力大大提高。在新罗地区，儒学的发展使孔子文化的影响力也提高了。新罗真德王二年金春秋至唐，不断治理国学，观释奠，一直有释奠之礼。717 年，在孔子文化的发展影响下，新罗的太学里也挂满了孔子和他弟子的画像。

高丽时期，孔子文化的地位不断提升，也得到了大多数人的认可。朝鲜太学开始对孔子进行供奉。983 年，博士任成壹从宋取回文宣王庙图。成宗十一年，国子监里建造文庙并成为国家的最高学府。1091 年，将七十二贤的画像挂在国子监里，以表示对孔子文化的重视。孔子文化的进一步发展是新罗时期，人们将孔子的画像改为孔子塑像，并效仿中国将孔子叫作文宣王，加谥"玄圣""至圣""大成"。高丽文宗时期，统治者也亲自到国子监称孔子为百王之师，对孔子文化表示深深的尊重。1267 年，又将中国传统文化的创造者，伟人颜渊、曾子、子思、孟子等人的画像改为塑像，并让人们到文庙供奉。至于民间，高丽恭愍王时期，元朝的翰林学士陪鲁国长公主下嫁到高丽的孔子五十四世孙孔昭，居住在水源，并建设阙里庙，以供奉孔子像，开始了民间祭祀孔子的活动。李朝时期，最高统治者非常重视对孔子的祭祀活动。对这一事件有相关的记载：国王"时时亲行释奠，或不时幸学，于师儒讲经，或横经问难，或行大射礼，或亲策儒生"，孔子的地位大为提高，朝野祀孔之风极盛。李世祖时规定世子冠礼为戴儒冠人太学行谒圣礼，称孔子为"素王"。在此之后，先行谒圣便规定成制度。李太祖自从建立王朝开始就在京城建立了文庙，以便历代人们对孔子及古代伟人进行祭祀。文庙中的规格也仿照了中国的规制，不同的一点是在配享者中增加了朝鲜的名儒。文庙的正中被称为大成殿，大成殿正位是"大成至圣文宣王"，殿后叫作明伦堂。殿内有"四圣"，从享有"十哲"。东西两房从祀有澹台灭明等各五十余人，其中包括宋朝的"六贤"。其他地方也建有地方文庙，只是规格略低于中央的文庙。李朝对中国孔子文化的崇拜不仅体现在建立文庙方面，还体现在模仿中国建启圣祠上，这些都使孔子文化的影响更加广泛。

孔子庙在日本的设立时间大约为八世纪初，当时的日本正在进行大化革新运动，祭祀孔子的习俗得以在日本逐渐发展起来。所以，大学及国学在每一年的春秋两个季度分别进行两次释奠活动。"学令"中规定："凡大学、国学，每年春秋二仲之月上丁，释奠于先圣孔宣父，其馈酒明衣所须，并用官物。"日本把孔子作为自己国家的至圣先师。748年，在奈良朝接受采纳吉备真备的建议后，将释奠的服器和仪注进行改进和更新，对这一事件的记载为："初大学释奠，其仪未备，真备稽礼典，重修之，器物始备，礼容可观。"释奠刚开始举办时所需要的器物都非常简单、普通。由于日本对孔子文化十分重视，因此孔子在日本的地位是非常高的，并且受到了日本人的尊崇。

祭祀孔子的活动在平安朝也有所发展。大学释奠开始的时候，当地祭祀的人物只有孔子一个人，到了平安朝贞观年间，祭祀人物中又增添了颜子和闵子。直到延喜年间，才将八哲加进祭祀的行列之中。先圣居中，颜渊、闵子骞、冉伯牛、仲弓、冉有坐于先圣东，子路、宰我、子贡、子游、子夏坐于先圣西。释奠的时候规矩有很多，首先由大学头第一次进献，其次是大学助，最后是博士，手里拿多少器具等都是有一定规定的，仪式非常隆重。对于释奠祭文，大学使用天子的名义，祭文中的内容主要是对孔子的文化进行赞扬和认可，表达自己对孔子的崇敬心理。释奠活动和讲经活动需结合起来举行。

在大学释奠结束后，天皇要召博士学生等入宫进行讲经。但是各个国家地区对国学释奠之礼没有形成统一的标准，直到清和天皇时期，开始颁七道诸国释奠式以统一释奠式在各个国家的标准。自从下令后，诸国都遵照并实施。平安中期以后，日本注重强调发扬自己国家的风俗特色，但大学和各地国学祀孔活动依然被参照举行，对孔子文化的学习热情也没有减少。江户时代，幕藩极力支持发扬儒学，所以祀孔的习俗盛行起来。宽永九年，德川义直在首都江户的上野忍同第一次建造先圣殿，奉祀主要是对先圣孔子，另外还有颜、曾、思、孟。宽永十年，朱子学家林罗山为献官释菜孔庙，这就是幕府官学举行释奠的最开始情况。在此之后还有一项规定是释奠，每年以春秋二仲。到了宽文元年六月，幕府对先圣殿进行大规模的修建，并改名叫作"大成殿"，将其他相关的建筑与大成殿一起叫作"圣堂"。

元禄三年，幕府五代将军纲吉把圣堂从上野迁移到了汤岛，为的是扩大圣堂的规模。当时把孔子及四配木刻像放置于大成殿，并绘制七十二贤及先儒画像挂在东西两房，表示对孔子文化的重视。在这一年，大学头让任林信笃担任，并且他的主要工作是昌平学，在这项活动中将军也将亲自参加释奠。在此之后，圣堂曾经遭遇过几次火灾被破坏，但是不久朝廷就派人把圣堂修复，直到现今仍然完好。幕府将军极力倡导学习孔子文化，并且要求地方诸藩建立孔庙，从此孔子文化在日本繁荣起来。日本在经历明治维新运动之后，统治者主张孔子的教育理念，要求人们饱读孔子相关书籍并尊重孔子思想理念。在历代王朝中，孔庙一直被不断修建完善，另外的祀孔活动也被一直延续。但是因为时代不同，统治者观念不同，所以对祀孔活动的重视度不一样，繁盛程度也不一样。汤岛圣堂是日本建造的规模最大的孔庙，这座孔庙是在日本明治维新活动后建造的，它反映出了对孔子文化和祀孔活动的重视程度。1936 年，武纯仁对此有详细记载，记载中写到了汤岛圣堂的外部景观，还写到了由于"维持世道人心"的原因在汤岛圣堂进行了多次祀孔活动，还有为了体现孔子的地位，为孔子树碑，并且不断宣传孔子经典儒家文化思想。在地方也有许多圣庙被保存下来，其中包括杨木县足利市足利学校的、水户市旧弘道馆的、闪山市闲谷簧的和九州佐贺县的圣庙等。

祀孔活动在越南发展比较晚，孔庙祀孔活动的最早记载是在李圣宗时期。祀孔活动的实行是在陈朝建立初期，也是儒学地位不断提高的时期。陈太宗在元丰三年设立国学院，建造了孔子、周公、亚圣的雕像，绘制了上十二贤画像，陈朝从艺宗开始就依照越儒来祀文庙。后黎时期，因为孔子文化地位大大提高，有着独尊的地位，所以孔子的影响也更为广泛。黎朝时期开国君主的主张是对孔子进行礼祀，但是到了太宗绍平元年"亲率百官谒太庙"，开始实行释奠。在此以后，释奠也成了一项制度。黎圣宗特别尊崇孔子，并在洪德三年定下了祀祭的制度，规定每年春秋二仲都要对孔子进行祭祀，也促进了孔子文化地位的提升。孔庙在黎朝时期的发展过程中经过了多次的修葺、扩建，规模越来越大。黎显宗景兴十六年，又对在文庙祭祀孔子时所着衣服作出规定，将其规定为成王者之服即衮晃服。

越南历史中就有明确的相关记载：景兴十六年十二月，"初制文庙衮冕服。政府阮辉润上言：圣人万世帝王之师，向来文庙循用司寇冕服，非所以示崇重。乃命改用衮冕之服。文庙用王者服自此始。"除京都之外，地方也普遍建有文庙。史载越南'崇儒教，交州有国学、文庙，各郡县皆建学，祭祀、配享俱如中国"。这一风俗让孔子文化在越南地区的地位不断升高，尊孔思想深入人心。

祀孔活动在阮朝举行得最为隆重。在 1808 年，阮朝仿照明嘉靖制，把以前的文宣王称号改成立神主，称"至圣先师孔子"。经过历朝历代对孔子文化的传播学习，孔子的地位越来越高，孔子在越南的影响也越来越广泛。

孔子文化在"东亚文化圈"传播的途径方法有很多种。其中，推行儒学思想的方法是通过统治者的各种政治制度来进行的，如官办儒家教育、科举取士、广修文庙、祭祀孔子等活动制度，让孔子文化在各个国家不断传播。另外，在民间也有学者互相往来探讨学术、学习输入和翻刻儒家典籍、社会性教化活动等。无论是在朝廷还是在民间，孔子文化都得到了广泛的认可。

（二）孔子文化在欧洲的传播

因为路途遥远等阻碍，孔子文化在欧洲国家传播得相对较慢，但是到了 16 世纪末期，孔子文化在欧洲的传播开始有所进展。孔子文化在欧洲地区的传播与在东方传播的方式大同小异，其中相同的一点就是都不是主动传播的。在孔子文化传播过程中，传教士起着极为重要的作用。除教士之外，还有海外华人对孔子文化进行传播。孔子文化在欧洲传播之后影响非常大，其中最重要的就是受到孔子文化的熏陶，促进了欧洲的启蒙运动。但是，因为欧洲殖民主义的兴起和中国的衰败，对孔子文化产生了负面影响。直到 20 世纪新中国成立后，孔子文化才被学者们取其精华去其糟粕，最终正视孔子文化的价值。

　　欧洲在新航路开辟和发现新大陆后，各个国家开始对东方一些国家进行殖民侵略。在 1579 年，意大利传教士第一次来的就是中国澳门。1582 年（明万历十年），利玛窦来到中国学习钻研孔子文化。1595 年，他在中国南昌刊印了《天学实义》等中国国学经典（后改为《天主实义》），之后该书经过多次翻版传播到世界各个地区，并且他把儒家理论和基督教教义相结合，将儒经中所称的上帝叫作天主。利玛窦还将自己学到的儒家经典介绍给自己国家和欧洲其他国家，促进各国对中国的了解。1594 年，儒家经典被第一次翻译成西方文字的书是利玛窦出版的"四书"，被翻译成拉丁文。此外，利氏的《基督教传入中国史》《利玛窦日记》也被翻译成意文、拉丁文、法文、德文、西班牙文等。在 16 世纪至 17 世纪之间，孔子文化开始传入意大利，作为一种新思想，孔子文化在意大利的影响力大大提升。儒家没有偶像崇拜，只有对祖先怀念的祭祖活动，没有鬼神之说，所以说孔子文化与宗教是完全不同的。利玛窦对儒学的认识是孔子文化作为一种自然法则基础的哲学学派，经过多年，他依然保持着教徒传统的"祭孔祭祖"习俗，在中世纪神学统治时期，这一举措对意大利乃至整个欧洲的影响是非常大的。利玛窦对儒学的研究、学习和翻译，使他获得了"博学西儒"的雅号，在意大利国内影响较深。他虽然是基督的传教士，但是他对孔子文化非常尊重、认可，并且他还把儒学和天主教义相结合，使基督教精神与中国儒家思想共同发展，因此后来有了"基督教的孔子"之称。在他之后还有许多传教士想把儒学经典和天主教义发扬完善，这促使许多学者都去研究利用孔子文化，从而大大促进了孔子文化的发展。其中，研究比较透彻、贡献较大的有艾儒略和殷铎泽。艾儒略对"四书""五经"有深刻的研究考察，并根据自己的学习写作了三十余种相关方面的书籍。他和利玛窦的相同之处在于他也在自己的著作中引用了大量的儒家经典知识。艾儒略早在 1625 年就开始在福建等地进行孔子文化的讲学传教，并且被闽中人称为"西来孔子"。在 1662 年，殷铎泽将《大学》《论语》等经典著作翻译成拉丁文。1672 年，殷铎泽出版的巴黎版本的《中庸》一书的末页处也附有拉丁文和法文的《孔子传》。殷铎泽著作的这本书在内容方面是向西方国家讲解和渗透关于中国的儒家思想，还向西方人们介绍孔子这个人的生平和丰功伟绩。1687 年，殷铎泽与比利时传教士柏应理、鲁日满、奥地利传教士恩理格等人一起编的《中国之哲人孔子》也被翻译成拉丁文，并大量在巴黎出版销售。这本书让欧洲学者们对孔子有了初步的认识，并且将孔子作为天下先师及道德与政治哲学上最伟大的学者。

传教士们对孔子文化的传播，使意大利等西方国家了解了中国文化的博大精深，让更多西方人对孔子文化有了初步的认识，即使在他们的著作中对孔子文化的介绍比较简单、肤浅，甚至还有一些错误，但是这些翻译过来的著作是孔子文化在西方传播的基础。意大利对孔子的学习之风过后，法国的传教士也纷纷来到中国，并对中国的文化进行效仿。1611 年至 1773 年，耶稣会派遣多名法国传教士到中国学习古典文化，其中最为出名的是金尼阁。金尼阁的主张与利氏一样，要求孔子文化与基督教教义相结合，共同发展。他在利氏的基础上提出了许多自己的观点，具体表现在他于 1626 年将"五经"翻译成了拉丁文，但是翻译成文的书籍在后来的传播中散失了。后来，法国又派其他传教士来到中国探讨学习中国儒学经典文化，并对孔子文化给予了相当高的评价。1698 年，马若瑟和白晋一起来到中国访问。马氏是非常尊重孔子文化的人，他十分了解中国人祭祖尊孔的习俗，并且精心研究和探讨了中国古书中的《书经》，著有《〈书经〉以前时代及中国神话之研究》。1720 年，罗马要求马若瑟回国，那时候他对教会员司说，天主教的教理在中国很多古书中都有记载，特别是孔子之"经"中所包含的一些论述让法国对孔子文化更加欣赏、认可。在此之后，殷弘绪翻译了朱熹的《劝学篇》，赫苍壁选译了《诗经》和刘向的《列女传》，冯秉正将《通鉴纲目》十二卷翻译成法文，钱德明著有《孔子传》《孔门四贤略传》等，让中国国学经典在西方国家得到了大力宣扬。

将儒家经典书籍翻译成法文的不仅有法国传教士，还包括其他国家的传教士，影响极为广泛。比利时的传教士卫方济把《大学》《中庸》《论语》《孟子》《孝经》《三字经》等翻译成法文，将它们起名叫作"中国六大经典"，并于1711年在比利时出版发行。传教士们不仅对孔子文化的相关书籍进行翻译，他们还亲自写书介绍孔子文化的相关知识。其中，三大名著包括《中华帝国全志》《耶稣会士中国书简集》《北京耶稣会士中国纪要》。在《耶稣会士中国书简集》中就有十六封关于传教士对中国孔子经典的相关书信；《中华帝国全志》在法国出版后，又有英、德、俄等国家对该书进行了翻译传播，书中包含大量的孔子和康熙画像，并且在第二卷详细地讲述了儒家经典诗书和教育方式。这两部著作在之后的法国、欧洲等地的作用非常大，其中伏尔泰、霍尔巴赫、魁奈等人的思想观念就受到了孔子文化的影响。德国第一次接触孔子文化也是以耶稣会传教士的方式。法国在1735出版的杜赫德的《中华帝国全志》一书中记载称，在1747年至1749年之间就有孔子文化翻译成德文的相关证明，并且在1798年对《论语》一书进行了翻译。另外，柏林上俗博物馆的爱尔悟斯研究并翻译了《中庸》一书，汉堡大学的佛兰惜也把《春秋繁露》翻译成德文。孔子文化的翻译活动盛行，使德国人对孔子文化有了初步的了解。

因为德国的传教士将基督教和孔子文化相结合，增进了德国人对中国的了解，导致德国在对中国发动鸦片战争时，利用孔子文化对我国进行侵略。德国传教士中，以花之安和安保罗对孔子文化的研究最深。1884 年，花之安创作出《自西徂东》一书，并在香港大量出版销售，1888 年曾在上海重新翻版印刷。该书一共包括五卷内容，即"仁集""义集""礼集""智集""信集"。花之安极为反对孔子文化的传播，但他认为孔子文化中的一些道德思想观念和西方的"耶稣道理"是有共同点的。

在 1899 年，卫礼贤也对孔子文化和儒家经典进行过深入的研究。另外，卫氏还曾经在民国初年将《论语》《孟子》的部分内容翻译成德文，把《大学》《中庸》《易经》《礼记》《吕氏春秋》等全书翻译成德文。1961 年，他的后代还发表了他生前翻译的《孔子家语》一书。他在 1923 年还担任过北京大学教授，后来才回到德国。回国后他仍然没有放弃对孔子文化的研究，并于 1924 年在法兰克福大学担任汉学教授，后来还创办了中国学院和汉学杂志以传播中国传统文化的精神，卫氏多年来通过对中国孔子文化进行学习和研究，得出孔子文化的一些精髓部分与西方文化的发展相比有许多优点，并创立儒家经典书籍的阅读风尚，还让自己的儿子也从事汉学研究，从而让孔子的地位不断得到提升。

18 世纪 60 年代，英国进行了工业革命。当时英国资产阶级需要广大的市场，其中中国市场最大，为了打开中国的大门，他们派遣传教士前往中国。1807 年（清嘉庆十二年），马礼逊来到中国并在 1824 年带走中国一万卷书籍回到英国，带回的书中包括大量儒家经典书籍。在此之后，又有许多孔子文化书籍、汉词等传入英国并被收藏在英国博物馆和大学中，其中不少都是中国很珍贵的书籍。比如，现存的唯一一本徐光启《诗经传稿》（清康熙十二年刻本）藏于牛津大学。这对孔子文化在英国的发展和英国对中国的了解有一定作用。所以，英国在对中国发动的鸦片战争中就发现，对中国的侵略征服用武力是不能实现的，其中最重要的原因就是中国受到孔子文化形成的传统观念是抵制侵略的思想力量。因此，传教士们加强了对孔子文化的研究。庄士敦说："中国政教文化基于孔教，……外教无论如何优美，亦不可与孔教并峙于中国。"庄氏派陈焕章担任孔教的"讲经大师"，他认为"'四书''五经'之于中国教育，犹希腊、拉丁文之于英国教育"，他认为要经过研究不断了解孔子和英国文化相结合的关系。

英国人逐渐认识到学习孔子文化是很重要的。1861年，雷祈对"四书""五经"进行了研究翻译。在 1873 年，理雅各回到英国后，大力促进英国和中国之间的贸易及文化往来，加强本国学者对孔子文化的研究学习。理雅各还翻译了中国的《十三经》等十多种经书供本国人民学习。吉尔斯还将与儒家经典相关的各类书籍进行翻译，甚至包括一些反儒家的著作，这样就能够使英国人多方面地了解儒家思想。

同时，英国对孔子文化的研究在各个方面都有涉及，除了对儒家经典进行大量翻译外，还向本国学生开设讲座。1786 年，在牛津大学开设了汉学方面的讲座，并且聘请理雅各作为讲师。理雅各声称："设置这个讲座的目的是出于我们同中国的政治、宗教和商务的关系"在理雅各的倡导和鼓励下，又有许多传教士开始对孔子文化开展研究，修中诚就是其中一位。他的研究目的是想通过对孔子文化的研究，向全英国乃至全西方介绍传播儒家经典学说。他后来在《中国古代哲学》一书中，对孔子及其弟子子思、孔门诸儒及孟子、荀子等儒家代表的思想文化进行了详细的描写和介绍，还向本国人民传播了中国的《论语》《孟子》《大学》《孝经》《易经》《白虎通义》等儒家经典，对这些书籍进行了专门篇章的讨论介绍。另外，一位英国哲学家马克斯·缪勒写过《儒教与道教》一书，这本著作的内容主要是从社会经济角度对中国儒家经典文化进行研究。这些英国学者的著作代表了英国对儒家和孔子思想文化的研究水准。

第二节 从理性的视角看中华优秀传统文化

一、中国传统文化的精华

1. 开放精神

中国文化具有博大精深、源远流长的特性，并且能够不断对外来文化进行学习及融合，也能够让中华民族的 56 个民族相互促进。中国传统文化的开放精神让中华文化海纳百川、不断兼容，取其精华去其糟粕，让中国传统文化更好地发展。

2. 相亲相爱的精神

"大道之行也，天下为公""四海之内，皆兄弟也"，都来自中国古典书籍中。中华民族主张的是社会和谐，人类能够相亲相爱，这一精神也延续到了现代社会，并且提出了"和谐社会""和谐世界"的理念。

3. 大智慧的精神

中庸思想主要教导人们在为人处世时要做到恰到好处，是一种"黄金分割"的大智慧。中国传统文化要求一个人要把智、仁、勇相结合，全面发展，让人格得到升华。

4. 与时俱进的创新精神

"周虽旧邦，其命维新"，"苟日新，日日新，又日新"，都在说考虑问题、解决事情时要不断根据时代需要创新自己的思想观念。

5. 以民为本的精神

从古代到现代，我国一直主张的是以百姓为主，以人民安康为标准，所以就有"民为邦本，本固邦宁""民为贵，社稷次之，君为轻""国主之有民也，犹城之有基，木之有根""权为民所用，情为民所系，利为民所谋"
等观点，这是由我国传统文化和国情决定的。

6. 以天下为己任的精神

"仁者爱人""兼相爱，交相利"，说的都是要关爱他人，做人不能太自
私。中国传统文化强调，只有关爱他人、关爱社会，个人才能获得真正的
幸福，即"天下兴亡，匹夫有责"，要把个人命运和国家兴亡联系在一起，
要把自己的才华能力用到完善社会上。

7. 顽强上进的精神

"风雨如晦，鸡鸣不已。"当面对国家危难时应该有不怕牺牲自己的精
神，义无反顾地保卫国家，为人民的利益着想。

二、中国传统文化的糟粕

中国传统文化有很多优点值得学习研究，但是也存在一定的弊端，即
缺乏平等性、科学精神、法治观念等。

（一）缺乏平等性

"平等"的意思有两种：一是指人和人之间的平等，每个人的关系和人
格都是平等的；二是指社会上法律（权利义务）的平等。在国家中，"平等"
是非常重要的，它是民主、人权和法治现代世界三大价值观的基础。只有
让每个人和整个社会平等发展，每个人才能拥有权利和独立性。

在我国古代社会，人是分等级的，"君为臣纲，父为子纲，夫为妻纲"。
每个人都应该承担自己相应的义务。在古代社会，人们严重受到礼教和宗
法、国家和家族机器的强力压制，没有自由，只能听从于皇帝的命令，皇
帝可以随意杀死臣民，父母可打骂甚至杀死孩子，而且在古代婚姻是由父
母决定的。儒家的一些伦理道德观点甚至毁灭了人性。古代对于等级观念

是非常重视和严格的，百姓见了官员要磕头，官员见了皇帝要自称奴才。虽然也有人说"王子犯法，与庶民同罪"，但是皇帝是至高无上的，更有"刑不上大夫"的说法。

孟子和庄子提出过重视人的观点，但是受到人格独立和精神自由等限制。

（二）缺乏科学精神

我国古代社会重视的是人伦和社会，对自然界关心较少。儒家的"四书五经"和科举考试制度并不考虑科学知识。李约瑟认为道家思想最具科学精神，但是所谓道家的科学成果不过是追求长生术的副产品。在中国这种落后思想的背景下，不可能出现完整系统的科学理论。中国曾出现的四大发明属于技术成果，并非科学。

在我国古代重农的社会中，工商业发展缓慢，并且得不到重视。"万般皆下品，唯有读书高。"这句话说明了在当时商人是社会的底层，经商被认为是不务正业。中国的古代商品经济极其不发达，还处于萌芽阶段。后来产生的工业革命推动了近代科学的产生，促进了社会经济的发展，并在科学技术和社会发展中相互促进。

形式逻辑是科学发展的基础，而我国古代缺乏形式逻辑。在诸子百家中也有形式逻辑的思想观点，但是比较片面，其本质是诡辩论，没能建立完整的形式逻辑体系。古书《易经》和《道德经》中提出了朴素的辩证法思想，这为形式逻辑的形成发展做了准备，但是它不能代替形式逻辑。《易经》和《道德经》对科学的发展起了反作用，破坏了科学的推理和实验精神。形式逻辑的建立是很重要的，对科学、政治和法律都有促进作用。

（三）缺乏法治观念

在诸子百家中，涉及法律观念的只有法家。法家主张法治社会，而儒家主张的是德治，所以法家对社会发展起到了很大的作用，但是法家思想的刻薄寡恩的缺点让法家随着秦朝的灭亡而失势。自从西汉确立了"罢黜百家，独尊儒术"制度，中国封建社会就开始施行"德主刑辅"的治国思想。法律的重要性在于可以对人的行为有所规范，可以让社会稳定，促进人与人之间、人与社会之间的和谐发展。

法律和道德是相辅相成的，法律是最大的道德。从概念和性质上分析，道德属于行为规范，而法律则是高级行为规范，国家可以通过法律强制力促进社会稳定。要想让一个国家和社会能够形成守法、执法观念，让人们拥有道德素养，就要增强法律意识和道德观念，让法律和道德相结合、相辅相成。法律和道德也是有区别的：在我国古代，人们把儒家思想中的"礼"作为法律标准，这就误解了道德和法律的区别；法律规范的概念是非常严谨的，孔子文化中的"礼"是不具备法律的严密性的。所以，"以德治国"的观念在本质上是"以人治国"。"出礼入刑"混淆了民法和刑法，"原心定罪"的观点则败坏了刑罚的原则。

三、取其精华，去其糟粕

中国传统文化是随时代发展而发展的，应该在历史的进步中辨别出孔子文化中的精华和糟粕部分，更应该探讨传统文化是否合时宜，对其不合时宜或者糟粕部分要进行批判、封存（留而不用）或改造。在改造传统文化的过程中，应该从心态上和实际上两个方面考虑：心态上的改造指的是降低对文化的笃信程度及价值认同；实际上的改造指的是彻底改造不合时宜的成分并将新成分加入其中。例如，舞龙在古代是一种求雨仪式，在今天舞龙就用作娱乐表演；多子多福的文化观念在现代社会逐渐被优生优育的观念所取代，这些都是人类的进步。如果希望自己的国家进步并走向世界，就要以德治国，对中国传统文化取其精华去其糟粕，扬长避短，使不合时宜的传统文化彻底改变。对一个国家和民族来说，要继承和发扬传统文化中的优秀部分，让中国人心灵得到净化，让中国文化能够发扬光大。

第七章

中华优秀传统文化
与文化自信的关系辩析

第一节　中华优秀传统文化是文化自信的基石

中华优秀传统文化是中华民族在 5 000 多年的历史长河中积淀下来的理性和生存智慧，具有强大的生命力，是文化自信的基石。

一、立足中华优秀传统文化是增强传统文化生命力的必然要求

汤因比曾把人类历史上出现过的文化形态统计为 26 个，时至今日，只有七八个文化形态依然传承。其他的文化，要么衰落了，要么消亡了，要么被征服了，要么出现过中断。唯有中华文化在几千年的历史长河中历经磨难和挫折，依然不曾中断过。这足以说明中华优秀传统文化有着强劲的生命力。延续中华优秀传统文化生命力，必须将中华优秀传统文化和时代相结合，只有融入当代中国的文化建设之中，成为当代中国文化新形态的有机组成部分，中华优秀传统文化才能延续其生命、彰显其

价值、展示其魅力，中华文化的发展才不至出现断裂"。党的十八大后，越来越强调文化自信的重要性。培育和提升文化自信成为建设中国特色社会主义文化的重要工程。将传统文化与这一工程结合起来，将传统文化的积极基因植入提升文化自信这一工程的方方面面，必将增强和延续传统文化的生命力。

二、立足中华优秀传统文化是文化发展的必然要求

提升文化自信，是当代中国文化建设的重要内容。任何一个民族的文化建设、文化发展都是在既有条件的基础上进行的，也就是说，必须继承历史上留下的已有的文化。中国现时的新政治新经济是从古代的旧政治旧经济发展而来的，中国现时的新文化也是从古代的旧文化发展而来，因此，必须尊重自己的历史，绝不能割断历史在批判继承中国传统文化的基础上，中国共产党人创造出了民族的、科学的、大众的新民主主义的文化。这种新文化一经提出，就成为近代中华民族实现民族独立和人民解放的重要思想武器。它一改鸦片战争后中国人文化自卑的心态，成为中华民族自立于世界民族之林的思想基石。在新时期，要提升文化自信，建设中国特色社会主义文化，也必须立足于中华优秀传统文化。

三、立足中华优秀传统文化是提升软实力的需要

一个国家的综合实力既包括经济、科技、军事为主要内容的硬实力，还包括以文化、意识形态、价值观为主要内容的软实力。当今世界，国与国之间的竞争与较量不仅取决于硬实力，也取决于以文化为核心的软实力。早在几千年前，中国的先哲们就提出了重视软实力的思想。《黄帝四经》曰："重柔者吉，重刚者灭"。老子的《道德经》曰："天下之至柔，驰骋天下之至坚。"软实力强调的是国与国之间的合作与吸引，这是一种通过塑造本国

良好的外在形象影响他国的能力。这种能力主要来自于文化、政治价值观和外交政策。中国传统文化蕴含的软实力因子是提升文化自信的重要资源，我们坚定文化自信的坚实根基和突出优势，就在于中华优秀传统文化。博大精深的中华优秀传统文化、中国人几千年来积累的知识智慧和理性思辨，是我国最深厚的软实力。

第二节　中华优秀传统文化的内容特质与文化自信

一个国家、一个民族、一个政党的文化自信不是天生就有的。在几千年的历史长河中，中华民族创造了优秀的中华传统文化，这些传统文化所蕴含的人生理想、道义担当、理政之道和经世之道成为中华民族独特的精神标识，也成为提升文化自信的基石和底蕴。第一次鸦片战争之后，中国人丧失了原有的文化自信。在中国从传统社会向现代社会的转型过程中，面对西方强势文化的冲击，中华民族原有的文化自信重塑与提升之路充满了曲折与艰辛。实现中华民族的伟大复兴，必须要提升文化自信。审视中华优秀传统文化，可以发现其中有提升文化自信的丰富理论内容和独特的精神气质。

一、从内容上看，中华优秀传统文化蕴含提升文化自信的丰富资源

中国传统文化是以儒家为核心、融合释道为一体的综合体系。这一体系在基本内容上"重人""重德""重和"。"重人"是中华优秀传统文化的重要精神和内容。中国哲学，本质上是一种人生哲学。周朝时已有了"惟天地万物父母，惟人万物之灵"之说。孔子则提出了"仁者，人也"。其学

说强调"仁"，也即强调"人"。正是由于先秦时代开始形成的这样一种注重"人"、看重"人"的人本主义文化传统，中华民族拒绝把自己全部交给上帝或天国，从而避免了由宗教对国家长久统治所造成的愚昧、冲突和灾难。"重德"是中华优秀传统文化的另一重要内容。早在孔子之前，叔孙豹就提出了"立德，立功，立言"的"三不朽"，"立德"被排在三立之首位。春秋时期，孔子在整理殷周典籍的过程中，提出了重德的"仁学"思想。"仁"的基本内涵是"仁者，爱人"，"仁"的基本原则是"己欲立而立人，己欲达而达人"。要实现"仁"者的目标，个人必须注意自身人格的完善。为此，孔子提出了"三军可夺帅也，匹夫不可夺志也"，孟子提出了"天将降大任于是人也，必先苦其心志，劳其筋骨，饿其体肤，空乏其身，行拂乱其所为，所以动心忍性，曾益其所不能"的道德修养要求。传统文化对"德"的尊崇使中华民族形成了许多优秀的传统美德，这些传统美德形成了中华民族独特的民族精神。"重和"是中华优秀传统文化的又一重要内容。孔子认为，"和"非常重要，"致中和，天地位焉，万物育焉"。为了达到"和"的理想状态，必须坚持"中庸"之道。道家认为，"道生一，一生二"，事物的存在和发展始终包含阴与阳、硬与软、对抗与和谐两个方面，而和谐是主导面。法家和墨家也都强调"和"的思想。中国传统文化"贵和"的精神使中华文化始终能以一种包容的姿态面对外来的文化。

二、从精神气质上看，中华优秀传统文化具有提升文化自信的独特特质

中华优秀传统文化非常强调个人自强不息的奋斗精神。《周易》曰："天行健，君子以自强不息。"这是告诫君子应该效法天道，自立自强。儒家也看重自强不息的品质，"士不可以不弘毅，任重而道远"。儒家认为，只有

具备坚毅的品质，才能实现大同世界。刻苦坚忍、百折不挠、自强不息的奋斗精神成为中华民族精神的一部分，深深地烙印在中华民族的灵魂深处。正是这样的民族精神，中华民族才创造了古代灿烂的中华文明；也正是这样的民族精神，中华民族在近代落后的情况下，仍然能奋发前行。宽广仁厚、兼容并包是中华文化的另一精神特质。"地势坤，君子以厚德载物"，"厚德载物"体现的是一种包容精神和开放姿态，这种宽厚的品质使中华文化在面对外来文化时，总能从其身上汲取优秀成分，发展壮大自身。比如，汉朝时，印度的佛教通过丝绸之路传入了中国。中华文化对这种域外文化始终保持着一种开放的姿态，佛教典籍被不断翻译、介绍到中国。隋唐时期，佛教文化和中国儒家心性说相融合、相碰撞，产生了具有中国本土气息的八大教派。佛教在中国的本土化丰富并发展了中华传统文化。"天人合一"是中华优秀文化的又一精神特质。"天人合一"思想发源于周朝，经过孟子和董仲舒的发展，到宋代二程时达到成熟。《周易》曰："夫大人者，与天地合其德，与日月合其明，与四时合其序，与鬼神合其吉凶"。此处的天地、日月、四时、鬼神指自然。这句话告诫人们，人类的行为要遵循自然的品性和自然的运行规则，即易理。道家把天看作自然之天，人是自然发展过程中的产物，因此，人不能脱离自然，只能顺乎自然而为之。中国传统文化中的"天人合一"思想对解决当代生态危机有重要启示。

第三节　中华优秀传统文化的时代价值与文化自信

世界上任何一个国家，任何一个民族文化自信的提升都必须从其传统文化切入。传统不是守旧、僵化的代名词，传统文化是保存先人的成就，并使继起的后代适应社会的一种既定存在形态；若没有传统文化，现代人决不会比类人猿更高明。因为生物学意义上的遗传最多只能使人类在生理构造方面比类人猿更精细一些，只有传统文化的世代承袭才使人类成为真正的人。中华优秀传统文化作为中国人几千年理性和生存智慧的积淀，它不仅解决了过去中国的发展和中国人精神生活的问题，它对当代中国和世界的发展也有着多方面的价值和启迪，它为中华民族文化自信的重塑和提升提供了丰富的养分。

一、在肯定中华优秀传统文化对完善国家治理体系和提高国家治理能力的作用中提升文化自信

推进国家治理体系和治理能力现代化是全面深化改革的总目标。要实现这一目标，需要对我国历史和传统文化有深入了解，也需要对我国古代治国理政的探索和智慧进行积极总结。比如，中华传统文化中强调为政者廉以洁己、慈以爱民的廉政思想，对当今我国国家治理中的腐败控制有重要价值。孔子提出的"其身正，不令而行"强调了君主以身作则的重要性。孟子提出的"君仁莫不仁，君义莫不义，君正莫不正"思想强调了君主的仁、义、正对国家安定的价值。汉代的贾谊也强调了明君和官吏道德上以身作则的意义，"故民之治乱在于吏，国之安危在于政，故是以明君之于政也，慎之，于吏也，选之，然后国兴也。故君能为善，则吏必能为善矣。吏能为善，则民必能为善矣。"这些强调执政者加强自身道德修养的思想对当今中国治国理政有重要启示。要把当今中国的事情办好，必须加强各级政府领导班子建设，要把建设一支政治坚定、注重实效、作风优良、廉洁自律的干部队伍作为治国理政的重要工作。另外，中华优秀传统文化中"和"文化对国家治理也有一定的借鉴价值。国家治理的根本目标是实现经济发展、社会稳定、民众幸福，能否推动

经济发展、社会稳定、民众幸福也成为考量一个国家治理体系和治理能力的重要指标。

二、在肯定中华优秀传统文化对维护世界和平的价值中提升文化自信

和平与发展是当今世界的主题，世界从整体上看是和平的，但局部地区仍然动荡不安、冲突不断，恐怖事件频频发生，各国之间的分歧和隔阂不断加大。维护世界和平，需要各国协同努力。中华民族历来是一个爱好和平的民族，爱好和平在儒家思想中也有很深的历史渊源。孔子强调："克己复礼为仁。一日克己复礼，天下归仁焉。""仁"不仅是处理人际关系的原则，而且是处理国与国关系的原则。孟子提出了行"王道"和"以大事小""以小事大"的邦交原则，"惟仁者为能以大事小，是故汤事葛，文王事昆夷；惟智者为能以小事大，故大王事獯鬻，勾践事吴"。值得注意的是，孟子还特别将维持国与国之间友好关系的重点放在大国方面。这些优秀的中华传统文化启迪着世界各国，唯有确立和平的理念，国与国之间才能减少纷争和战争，才能维护世界和平。

三、在肯定中华优秀传统文化对解决当今世界全球性问题的作用中提升文化自信

随着全球化进程的推进，世界范围内出现了一些关系全人类根本利益、威胁人类生存和发展的环境问题、生态问题、能源问题、可持续发展和极端恐怖主义问题。这些现实危机的出现引发了西方社会对现代性的反思。历时两百多年的全球化进程的确改变了全世界的面貌，但经济的发展和科学技术的进步使人所处的环境危机四伏，使人成为"机器的一个零件"，成为"单面人"。这些问题的出现固然和西方片面追求经济增长的发展模式有

关，但其深层和本质的原因则与人类自身的缺陷分不开——人的贪婪本性和人是自然界的主宰这种文化价值观，使人迷醉于科技的威力，一味地对自然索取和征服。中华优秀传统文化中的天人合一、自强不息、宽容和谐、谦和好礼、求真务实的思想等对解决这些问题有重要的启示。1988 年，世界诺贝尔奖奖金获得者在巴黎发表的宣言中呼吁西方世界关注中国传统文化，他强调："如果人类要在 21 世纪生存下去的话，必须回头 2500 年，去吸取孔子的智慧"。这说明儒家思想对当今全球性问题的解决有重要的价值。从中华优秀传统文化的时代价值中，可以看出中华优秀传统文化具有超越时代的历史恒常性，它冲破几千年厚重的历史长河和壁垒，历经岁月和风雨的冲洗，依然引领风骚、璀璨夺日。中华民族优秀文化所具有的这种现代价值是世界上任何其他文化和文明都不可比拟的，它是提升文化自信的重要资源。

第四节　中华优秀传统文化的国际影响与文化自信

文化自信不仅包含对自身文化价值的高度肯定，还包括对自身文化影响的充分认识。提升文化自信，必须理性看待中华优秀传统文化在过去和现在的国际影响力。当今，随着全球化进程的不断推进，中外文化交流日益频繁，越来越多的中国文化产品出现在了国际市场和国际舞台上，中国文化的影响在向纵深发展。中国文化历史悠久、灿烂辉煌，它曾长期居于世界领先水平。通过传教士、商人、留学生等群体的传播，中华文化曾经对东亚、欧洲国家和地区的经济、政治、文化和社会生活产生了深远、持久的影响，有些影响一直持续到现在。

一、中华优秀传统文化对亚洲国家的影响

先秦到清朝前期这一时期，中国在亚洲的历史舞台上是当之无愧的主角。中国周边的朝鲜、日本、越南等国的政治、文化深受中国传统文化的影响。

在朝鲜建国之前，儒学与汉字就已经输入到了朝鲜。新中国成立后，朝鲜学习汉文化的步伐明显加快。朝鲜设立的太学就是以传播汉学为主要任务的机构。7 世纪时，朝鲜政府因仰慕汉学，还派遣本国贵族子弟前往长安留学，这些留学生返回朝鲜后成为传播儒家文化的使者。10 世纪到 14 世纪，朝鲜政坛更替频繁，但无论哪一个政权，皆以儒家思想为立国之本。儒家思想不仅对朝鲜半岛的过去有影响，对当今韩国的企业管理、影视制作、学校教育仍然有深远的影响。韩国确立了"文化立国"的战略后，韩国的影视剧中渗透着儒家浓浓的文化精神和温情道德，它不仅受到了中国、日本等东亚国家民众的追捧，还受到了东欧国家民众的好评。

日本与中国是一衣带水的邻邦，两国很早就有了交往。周朝时，中华文化就传到了日本。隋朝时，圣德太子效法中国制度，进行了国内改革。公元 608 年，日本国王接见隋朝使节，向使节表达了向隋朝学习典籍制度以作为建国准绳的愿望。公元 630 年，日本派出了第一批遣唐使。在此后二百多年中，日本共派出遣唐使十八次。在返日的留唐学生的策动下，公元 645 年，日本进行了著名的大化改新。正如日本近代以西方化为目标的明治维新，大化改新的理想就是实现"中华化"。大化改新后，日本的律令大体上采用唐律，日本各级学校以儒家经典为教科书，日本佛教以中国为母国，日本历法以唐历为蓝本。这说明中国传统文化对古代日本的影响

非常深远。近代日本在向西方学习的过程中，并没有丢掉中国的儒家思想，从小受《三字经》《大学》《中庸》《论语》浸染的日本"资本主义之父"涩泽荣一就非常推崇儒家的《论语》，他指出，"日本自应神天皇朝以来，就传来了《论语》这一宝贵的准尺，如果束之高阁，而去寻求其他的规范，这不外是认识上的误区。我相信《论语》的教导是金科玉律，因而拳拳服膺躬行实践而不懈怠"。涩泽荣一告诫日本的企业家，要一手拿算盘，一手拿《论语》。

二、中华优秀传统文化对欧洲国家的影响

13 世纪中叶，蒙元帝国建立后，更多的欧洲商人、传教士、使者来到了中国，他们带回的关于中国的信息使欧洲人耳目一新。《马可·波罗游记》的介绍让欧洲人对中国如痴如醉，对东方满怀憧憬。正是出于对东方的好奇与向往，才有了新航路的开辟。英国的拉雷教授曾在他的《英国十六世纪的航海业》一书中这么说西方人对中国的憧憬与新航路开辟的关系："探寻契丹确是冒险界这首长诗的主旨；是数百年航行业的意志灵魂。"不过，此时期中国对欧洲的影响主要停留在物质层面上。

16 世纪末，利玛窦等传教士来中国后，他们带回欧洲的信息就不仅是停留在风土人情、日常生活方面，他们对中国的介绍更多是思想、文化、政治、典籍等方面。这个时期，儒家经典和孔子的学说在欧洲都有了西译本。例如，郭纳桑译《大学》，并改名《中国之智慧》，殷铎译《中庸》和《论语》，刘应译《礼记》部分篇章，马若瑟、孙璋都曾译过《诗经》，钱德明译《乐经·经传》，雷孝思译《易经》。欧洲传教士们对儒家学说和其他中国传统文化的介绍在欧洲引起了很大的轰动，掀起了一股"中国热"。18世纪，纪君祥的元杂剧《赵氏孤儿》在法国上演。法国大文豪伏尔泰花费

数月时间对其进行改编，完成了五幕悲剧《中国孤儿》，上演时空前轰动。伏尔泰舍弃了原作中的复仇主题，让暴君在高尚的道德情操面前幡然悔悟，以此显示主宰中国人的儒家思想的无穷威力。可以这样说，伏尔泰的《中国孤儿》就是"五幕儒家道德剧"。在伏尔泰的其他作品中（如《风俗论》《哲学词典》等），他也极为推崇中国的儒家道德思想。

中国传统文化对德国思想界也有一定的影响。德国近代启蒙哲学家莱布尼茨的"单子论"就受到了中国儒家思想的启发。莱布尼茨还和在华传教士通信探讨《周易》里的 64 卦。莱布尼茨在接触了中华传统文化后，曾如此真诚地赞扬中国人："我们一直注意到，中国人无论通过他们的精神和道德，还是关于正直的最理智和精辟的格言，都反映出他们已经开化到如此高的程度，因而一直走在其他异教国家的前面"。

中国的传统文化也影响到了俄国。俄国的普希金此时期通读了法国和俄国出版的关于中国的一切文献，还和熟悉中国文化的名流进行了交谈。在这些中国文献和关于中国的交谈中，普希金汲取了对自己有价值的知识，普希金特别关注儒家培养人性的方法。列夫·托尔斯泰也特别迷恋中国传统文化，他有时还直接借助儒家和道家的一些原理来支持他自己的理论。

随着"中国热"的兴起，欧洲国家开始了文化上的思想启蒙。以儒家为核心的中国传统文化"为启蒙思想火花的燃起带去'理性'的酵母，致使欧洲中世纪神学权威因受儒学文明冲击而发生动摇，许多思想家深受启蒙"。

综上，无论是内容特质、时代价值还是国际影响方面，历史悠久、博大精深的中华优秀传统文化都具有独特的魅力，它是先辈们留给中华儿女的丰厚精神遗产。中华优秀文化不仅推动了中华民族的发展，还为人类文明进步作出了卓越的贡献。提升文化自信，必须立足于中华优秀传统文化。

只有深入挖掘中华优秀传统文化的内容特质，高度认同中华优秀传统文化的时代价值，充分肯定中华优秀传统文化的国际影响，吸吮着中华民族几千年奋斗积淀下来的精神养分，中国的道路才会走得越来越宽广、越来越稳健、越来越自信。

第八章
坚定文化自信的传统文化根由论

　　文化繁荣是国家强盛的最重要参照指标之一，民族国家在现代化进程中都会面临一个传统文化与西方文化激烈碰撞的现实问题。中华民族创造了辉煌灿烂、源远流长的民族文化，这些优秀传统文化是中华文明绵延不绝并日益显现活力的生命之源。在东西方文化激烈碰撞的大背景下，建设中国特色社会主义应该坚定文化自信，充分发挥中华优秀传统文化的积极作用。

第一节　兼容并蓄铸就中华优秀传统文化
历久弥新的生命力

　　任何民族都是在承继的条件下创造自己的历史，民族文化不可能是无源之水、无本之木。生命力顽强的民族文化都是一个历史的连续体，是在母体文化的基础上批判、吸收历史优秀文化而繁衍发展起来的。关于传统文化的内涵，可以从广义和狭义两个方面来理解。广义的传统文化是指历史上形成的物质性和观念性事物的总和；狭义的传统文化是指历史上形成的价值观念、思维方式、精神品格和审美情趣的总和，主要是观念性的东西。本节主要从狭义方面探讨传统文化。中华优秀传统文化是指在中国特定的自然环境和历史条件下逐渐形成、积累和传承下来的观念性的精神成果的总和。文明、文化内涵不同，为观照约定俗成的习惯及论述方便，下文的文明概念是在文化概念的内涵上进行论述。

综观世界主要文明发展史，将中华文化与世界其他民族文化进行比较更能说明中华文化顽强的生命力。华夏文明从公元前2070年夏朝建立算起，绵延至今4 000余年从未断续，虽然比苏美尔文明、埃及文明、哈巴拉文明起源稍晚，但这三大文明延续时间都没有华夏文明长，而且他们现在均已消亡。现在生活在两河流域、尼罗河流域和印度河流域的人们都不是这三大文明的创造者。古希腊和古罗马文明虽至今还在散发旺盛的生命力，但却没有华夏文明历史悠久，且因遭到蛮族入侵而几度中断。可以说，中华文明是世界上历史悠久、延续时间最长且从未中断的文明。一种文明或文化延续时间如此长久，至今散发耀眼的光芒，说明这种文明或文化具有旺盛的生命力。

中华优秀传统文化经历夏商周的雏形期、秦汉魏六朝的定型期、唐宋的繁荣期及明清时代的转型期，历时4 000多年生生不息、绵延不绝，表现出无与伦比的生命延续力。从文化生存的内部与外部两个方面，探讨中华文化具有持久生命力的原因，能够发现中华文化形成的独特原因；从地理位置、经济形势、社会结构等外部环境，可探寻中华文化形成的独特条件。首先，中国位于欧亚大陆之东，东部、东南部临大海，北部、西北部接沙漠、戈壁，西南高山耸立，如此一来，将中国隔绝在一个相对安全的大陆性地理生存单元；其次，无论是中国奴隶社会还是封建社会，自给自足的自然经济占据主导地位，促进商品流通和社会交往的商品经济很难在中国传统社会形成气候；最后，中国社会是在宗法与专制制度相互作用、相互影响下形成的社会组织结构。这种生存条件决定了中国社会是一种稳定的生存系统，虽然王朝、朝代不断更迭，但社会形态大体稳定，这是华夏文化绵延久远的外部原因。

外因毕竟是事物发展的条件，内因才是事物发展的根本，中华优秀传统文化拥有顽强生命力，主要还是因为本身先天具有的包容性和融合力。中国古代社会虽然没有受到来自欧洲、西亚、南亚等强大文明的威胁，但却屡屡遭到北方游牧民族的军事冲击。比如，春秋以前的"南蛮""北狄"，汉代匈奴，唐代突厥，十六国时期"五胡乱华"，宋元时期的契丹、女真、蒙古人，明末满族，这些勇猛剽悍的游牧民族在中原地区多次建立强有力的统治政权，并试图以浓烈的民族情感抵制、消融华夏文化，但终因其低势能文化无法抗拒高势能文化，最终反被华夏文化所同化。无论哪一个少数民族入主中原，都摆脱不了中华传统文化对他们的制约。中华文化以其强大的生命力同化武力入主中原的少数民族，反复上演着"征服者被征服"的历史戏剧。在这一过程中，中国传统文化又大量吸收游牧民族文化中的新鲜养料，化为中华传统文化的有机组成部分。也正是在一次次冲击、融合之下，中华文化不断增添活力，以其强大的生命力度过艰难时期，最终发展成为具有顽强生命力的庞大文化体系。即使在近代，面对西方入侵，中华民族不断选择，最终选择在马克思列宁主义思想指导下进行社会主义革命和社会主义建设；建设过程中，又吸收西方文化中的有益成分搞改革开放。总之，中国建设取得如今的成就，得益于对其他民族有益文化的吸收能力。包容、吸收其他民族文化的有益成分，正是中华优秀传统文化具有顽强生命力的主要原因。

第二节　鲜明的主体性造就中华优秀传统文化强大的整合力

中国古代社会形成的传统文化是伦理型的文化，这种伦理型文化有许多负面影响，使得平等民主法治观念在中国社会举步维艰，在国家从传统走向现代的过程中常常形成一定阻力。但是，伦理型文化蕴含的尊师孝亲、修身齐家、务实奋进、节俭勤劳等观念，在铸造中国人品格方面发挥着积极作用，这些文化特质，刻画了中国人的精神品貌，也造就了国人文化品格的鲜明个性。伦理型传统文化所造成的亲和力和认同感超越地域局限，形成中华民族的文化群体归属感。身居海外的华人华侨尽管身居异国他乡，但他们传统文化的脐带一直连着祖居之国，在他们的意识或潜意识里，不会忘记自己是中华儿女，仍然保持着中华传统文化观念，与世居母国之地的人们有着相似的价值追求。这说明中华文化所蕴含的思维方式、价值观念、道德取向及行为准则具有强烈的认同感。这种伦理型的传统文化展示了中华传统文化的共同性、凝聚力和强烈的民族情感，它使民族共同体成员对自己的民族、国家的生存和发展有着深刻的认识和崇高的责任感，激励人们为民族和国家强盛而努力奋斗。

这种伦理型的文化是在内外因素相互激荡中整合形成的，具有鲜明的中华文化主体性。与世界上许多民族、国家本土文化逐渐被异域文化浸润覆盖最终被取代不同，中华文化是一种本土文化，但这种本土文化没有故步自封，而是不断整合内外文化因素最终形成中华文化鲜明的主体性。远古时代，华夏祖先创造了汉字及语音语义系统，在汉字的基础上独创了中华印记的哲学、宗教和艺术，形成了华夏民族独有的风俗习惯、典章制度、社会心理和民族精神，使中华民族传统文化具有鲜明的个性特质。中华优秀传统文化不是一个封闭的系统，它是在涵化境内各地文化和境外异域文化的基础上生成的，在同质与异质文化的激烈碰撞中涵化融合、吸收借鉴，在和而不同中发展、整合、壮大。中华优秀传统文化是多种文化造就、积淀的结果。

首先，中华优秀传统文化在吸收外来文化时呈现自觉主动的特征。吸收利用外来文化有益成分是任何有生命力文化的基本特征。从历史来看，每当某种外来文化进入中国，中华传统文化就会将其有益成分借鉴、吸收、利用，使其成为自身的有机构成部分。东汉以来，印度佛教传入中国并在隋唐时期达到鼎盛，经过近千年改造、吸收、利用，终使印度佛教中国化，这一过程很好地说明了中华文化吸收外来文化的超凡能力。在中国，印度佛教形成净土宗、天台宗、华严宗、禅宗等不同宗派，就连印度佛像经过中国文化的塑造，其形象也越来越像中国人。印度佛教成为中国化的宗教，与中国本土道教、儒教一起成为中国古代最主要的三大宗教。而在印度，本土印度佛教基本上没有影响力。不仅如此，中华传统文化在吸收印度佛教基础上形成的宋明理学，对中国人的世界观和方法论影响十分巨大。在其他领域，印传佛教广泛渗透到语言文字、哲学思想、文学艺术、天文、医学、建筑、民俗等中国传统文化各个领域。对印度佛教的成功吸纳，显示了中华优秀传统文化的开放性和善于吸收的能力，表现出中华优秀传统文化强大而鲜明的主体意识。在吸纳外来文化的过程中，中华优秀传统文化既保持本体特色，又不忘根本，在与世界其他文化的比较中显示出鲜明的个性特征。

其次，中华优秀传统文化还呈现出区域性特点。中国地理疆域极为广阔，各地自然条件千差万别，不同的地理、气候、物质条件，使人们形成不同的思想观念、生活方式和风俗习惯。第一，地理环境的多样性决定传统文化的多元性。北方游牧民族面对严酷生存条件，只能以迁徙和战斗来对付自然环境和异族压力；南方农耕社会重农轻商、安土乐居；东部沿海民众轻舟泛海捕鱼，扬帆开辟海上丝绸之路；西部绿洲则以驼马开辟陆地丝绸之路。因此，中华传统文化自然呈现出多元化状态。第二，中华民族血缘成分的复杂性决定了传统文化的丰富性。中华民族的产生有多种说法。其中一种说法认为，舜帝时代在部落联盟的基础上建立了新的国家机器，这个共同体用舜的名字"重华"来指称，作为民族雏形的"华族"初步形成；"华族"之外称"夏族"，华族发端于东部，夏族蛰居于西部。后来，华夏民族居中部，周边逐渐形成"东夷""西戎""南蛮""北狄"。所谓"夷夏之辨"的"夷"与"夏"是各具一定地域范围的文化地理概念，不是种族概念。中国是多民族国家，民族血缘的复杂性决定了文化形式的多样性。自春秋以来，形成了中原文化、齐鲁文化、荆楚文化、吴越文化、巴蜀文化等多种文化体系。"十里不同风，百里不同俗"是中华传统文化多样性的真实写照。不同文化成分虽然内容特点有差异，发展水平也参差不齐，但他们都具有整合为一的价值体系。多元文化形态在相互接触中相互影响，形成多元互补的中国传统文化。正如汤因比所言："就中国人来说，几千年来，比世界任何民族都成功地把几亿民众，从政治文化上团结起来。他们显示出这种在政治上、文化上统一的本领，具有无与伦比的成功经验。"也正是这种强大的整合能力，中华优秀传统文化才不断丰富和发展。

第三节　优秀传统文化形成了中华民族精神家园的思想共源

人是社会环境的产物，单个生命体的个人在成长过程中与他人一定会发生交往，要想交往顺利，人与人之间必须存在一个思想共源，不然，交往难以发生或交往不顺利。比如，生活中张三以 A 思想为思想源，李四以 B 思想为思想源，王五以 C 思想为思想源，如果 A、B、C 思想源的核心价值相互冲突或者交集很少，则张三、李四、王五之间交往将异常困难。反之，张三、李四、王五三者共有一个思想源，则张三、李四、王五三者交往就非常顺利，作为个体，他们的生活意义也容易建构，张三、李四、王五共有的思想源就成为张三、李四、王五这个群体的思想共源。

中华优秀传统文化的基础性功能就是成为中华民族生命个体的思想源和群体的思想共源。如果不考虑个体之间发生的交往，生命个体无论选择什么样的思想源并不重要；如果选择要交往，则选择什么样的思想源就显得非常重要，因为这将与群体中其他个体密切相关。社会生活交往是以个体生存为条件的，个体为生存而相互交往即构成社会生活全部内容。中华民族所有或大多数生命个体选择传统文化作为思想源，则传统文化就成为中华民族的思想共源。中华民族生生不息，虽然也出现无休无止的纷争，但总体看来，中华民族历史发展还算和谐顺畅，如果没有民族思想共源是不可能维系这种局面的。一个稳定的思想共源可以最大可能为人们提供一种稳定的利益分配观念，在这种稳定的利益分配观念指导下进行利益分配，因利益发生冲突的可能性就大为减少。

在优秀传统文化基础性功能的基础上派生出传统文化的直接性功能和间接性功能。传统文化的直接性功能就是在作为思想共源的基础上形成公共价值、发挥判定功能，并有效实现传统文化的传承和复兴。亨廷顿为什么断言世界各文明之间必然存在冲突，那是因为人们在特定的背景下用自己区别于其他人的东西来界定自己。传统文化一旦成为公共价值，即发挥判定行为者之行为价值属性的功能。当个体以传统文化作为自身的思想源，他就以该思想源的价值属性判定自己的行为价值；当中华民族群体以传统文化作为群体的思想共源时，优秀传统文化就成为中华民族所有或大多数成员行为价值的标准，发挥传统文化作为价值属性的判定功能。传统文化所有功能必须通过价值判定功能来实现和巩固，没有价值判定功能，传统文化其他功能都将归于无效。缺乏思想共源的民族或国家，因缺乏共同的价值判定标准，这个民族或国家必将走向解体甚至消亡。

传统文化基础性与间接性功能最终目标就是提升中华民族公共精神，建设中华民族精神家园。精神是行为者认可并认为是不可动摇的价值集合，如果某种精神成为社会全体成员的共同精神，则这种精神就构成公共精神；如果某种精神成为国家或民族的公共精神，则这种公共精神就成为该民族的精神家园。在一个民族群体中，怎样使群体成员具有共同的精神家园，优秀传统文化在其中发挥着重要的教育作用。在代际交往中，传统文化的经典作为思想共源和价值判断标准，常常成为代际间教育的现成材料。如果一个国家传统文化传承有效，那么蕴含在经典中的公共价值系统就会出现在各种形式的教育中，其中耳濡目染熏陶式的家庭教育及社会教育作用更为有效。长期以来，中华民族在历史长河中，形成了自强不息的进取精神、忧国忧民的爱国精神、修身为本的重德精神、和而不同的宽容精神及天人合一的协调精神，这些精神共同构筑起了中华民族的精神家园，在代际间不断传承。这些共同的精神价值构筑起中华民族的精神特质。

第四节　优秀传统文化的现代价值
为解决国内、国际矛盾提供借鉴

亨廷顿认为，世界最普遍、最危险的冲突不是社会阶级之间、穷人与富人阶层之间的冲突，而是存在于不同实体的人民之间的冲突。亨廷顿的观点解释了国际关系纷繁复杂的混乱性。翻开世界历史，可以看到人类历史基本就是一个战乱不断的世界战争史，各民族国家内部又何尝不是一部战争的历史。再看当今国际关系，基督教世界与伊斯兰世界之间、伊斯兰世界内部之间战乱不断，而东方儒教社会似乎相对平静。造成这一现象的原因是什么？陈独秀一针见血地指出："西洋诸民族，好战健斗……欧罗巴之全部文明史无一字非鲜血所书。"

中华优秀传统文化形成的为人、为政理念，为解决国内问题提供了有效的帮助。中华优秀传统文化中，关于做人、治国最重要的两个命题是"和为贵"与"中庸之道"。孔子说，"礼之用，和为贵""君子和而不同，小人同而不和"。"和而不同"思想既是世界观又是方法论，具有丰富深刻的内涵，它肯定世界的多样性又维护世界的和谐相容性。孔子强调"和而不同"，其目的是将不同质的事物彼此有机结合、相辅相成，从而达到和谐统一。"中庸之道"思想产生由来已久。传说帝尧禅位于舜时，告诫舜要"允执其中"，意思是为政之道反对固执一端而失之偏颇。舜继位后依照帝尧教导行事，于是社会出现和谐局面，为此孔子高度赞赏帝舜。当帝舜传位大禹时，也以"允执其中"教导大禹。古代中国最高执政者贤良暴虐不一。暴虐者为政初衷还是希望自己名垂青史，如路易十五之流毕竟是少数。因此，"允执其中"几乎成为执政者的最高道德准则，随后，该法则延传至民间，成为做人的道德准则。孔子对"中庸之道"推崇备至，他甚至认为在各种处世哲学中，"中庸之道"最能凸显其优越性，最能避免为政处世失之偏颇。"中庸之道"反对过分偏执，更反对走极端，认为"过犹不及"，强调人与人、国与国之间和谐有道。不仅儒家思想，道家思想也强调"中道思想""不争之德"，认为"兵强则灭，木强则折"。这些中庸、中道思想世代相传，对中国社会的伦理道德、思维方式、为政处世方式都产生了深远影响。

另外，中华优秀传统文化形成的战争理念可以为处理当今国际关系提供解决办法。墨子的思想最能反映中华传统文化对待战争的态度。墨子主张兼爱，"视人之家若其家，谁乱？视人之国若其国，谁攻？"（《墨子·非攻》）墨子主张非攻，强烈反对"国相攻""强执弱"的强权政治。当然，墨子并非毫无原则反对一切战争，他反对的是侵略战争，而不反对正义战争，他也主张国家应该有武备，主张以自卫战争反对侵略战争。《孙子兵法》作为早期总结战争经验的著作，其作者并不迷信暴力，认为战争是达到国家目的的手段之一，如果能够避免战争则应尽力避免，正所谓"上兵伐谋，其次伐交、其次伐兵、其下攻城，攻城之法为不得已"（《孙子兵法·谋攻篇》）。

中华优秀传统文化是中华民族的"根"和"魂"。建设中国特色社会主义，实现中华民族伟大复兴，必须以中华优秀传统文化发展繁荣为条件。中华优秀传统文化表现出的顽强生命力表明，弘扬中华优秀传统文化、坚定国家文化自信是摆在我国面前的现实任务。

第九章
文化自信视域下中华优秀
传统文化传承路径探析

文化是民族的血脉，是人民的精神家园。文化自信是更基本、更深层、更持久的力量。中华文化独一无二的理念、智慧、气度、神韵，增添了中国人民和中华民族内心深处的自信和自豪。国人的自信、民族的自豪来源于文化的自信，来源于中华优秀传统文化的"源头活水"对文化自信的给养。只有以追本溯源地执着定位中华优秀传统文化在文化自信中的地位，以一脉相承的牵绊，厘清中华优秀传统文化与文化自信的关系，才能道清中华优秀传统文化现代性传承的路径，以自信的魄力实现中华优秀传统文化的现代化融合。

第一节　概念锁定传统文化地位，
内涵划定传统文化圆周

一、定位传统，厘清源头

概念梳理，文化定位。文化是一个生生不息的运动过程，任何一个民族的文化，都有它发生、发展的历史，都有它的昨天、今天和明天。梁启超先生指出："文化者，人类心能所开释出来之有价值的工业也。"这种广泛意义上的"大文化"是理解中华优秀传统文化是文化自信的"源头活水"时应立足的天地。中华文化是以文化的民族性和国度性为依据，以地理环境为依托划定的文化概念。中华传统文化则是融合了地理性和历史性进而在时空中划出的一片文化领域。这是"昨天"的中华文化，具体指 1840 年鸦片战争以前的中华文化。中华优秀传统文化是先辈传承下来的丰富遗产，是历史的结晶，并不只是博物馆里的陈列品，而是有着鲜活的生命。正如黑格尔所说："传统并不仅是一个管家婆，只是把它所接受过来的忠实地保存着，然后毫不改变地保持着并传给后代。它也不像自然的过程那样，在它的形态和形式的无限变化与活动里，永远保持其原始的规律，没有进步。"传统是社会的一种生存机制和创造机制，借助它，历史才得以延续，社会的精神成就和物质成果才得以保存和发展。

把握优秀，厘清源头。中华传统文化源远流长、博大精深的特质不仅给文化继承提供了丰富的资源，而且也给文化传承带来了因袭的负重。由于对自身的传统认识和外部环境的客观把握都不够透彻，这样一年年、一代代的传承难免泥沙俱下、良莠不齐。中华优秀传统文化概念的提出，让探索文化的眼光从纷繁、迷茫中定位到优秀的内核，既能来龙去脉地了解传统文化的发展历程，又能避免被无法穷尽的枝节材料所淹没，量上的减少为找寻最核心的质节省了精力。外延的收缩、内涵的提炼，让中国人民认清了中华优秀传统文化是现时代国家、社会、个人应该忠实坚守的文化自信的源头。

二、认识内涵，划定圆周

文化有广义和狭义之分、隐性和显性之别，中华优秀传统文化是中华传统文化的组成部分，它既有文化的共性，也有自身的个性。因此，在探讨其内涵时，可以从共性角度对中华优秀传统文化进行显性和隐性两方面的考察，从而划定优秀传统文化的圆周，在既定的范围内给文化自信输送"活水"。

一方面，显性文化是人的本质力量的对象化。首先，表层显性文化特指器物层面的文化实体，即由"物化的知识力量"构成的物态文化层。它是人的物质生产活动及其产品的总和，是可感知的、具有物质实体的文化事物，构成整个文化创造的基础。其用途能满足人类最基本的衣、食、住、行的生存需要、生产生活的劳动需要及休闲娱乐的精神需要。其材料是人类主体通过社会实践活动，利用、改造自然界客体而创造出来的包含人的价值取向的产品。其次，中层显性文化指在人类社会实践中形成的各种社会规范和社会组织，即制度文化层。物的文化生产过程形成一定规模进而成为一种社会活动时，必然会结成一定的社会关系。马克思曾指出，动物也生产，它也为自己营造巢穴或住所，但是，动物只生产它自己直接需要的东西，其生产是片面的，而人的生产是全面的。动物只生产自身，而人再生产整个自然界。人类高于动物的根本之处在于人不仅只进行满足直接肉体需要的生产，而且进行摆脱这种需要支配的真正的生产。在对对象世界的改造中，使自然界表现为他自身的创造物和他的现实性，从而创造出一个属于他自己、服务于他自己，同时又约束他自己的社会环境即"人化自然"，这便是人通过不断反观自身的实践达到的"自然人化"过程，创造的"人化自然"结果。人在"人化自然"中创造准则，并将其规范为社会制度、固化为社会组织、上升为政治制度。最后，深层显性文化即精神文化层，包含社会意识和社会思想。社会意识形态是指经过系统加工的社会意识，它们往往是由文化专家对社会心理进行理论归纳、逻辑整理、艺术完善，并以物化形态——通常是著作、艺术作品——固定下来，播之四海、传于后世，如政治理论、法权关系、宗教信仰、文学艺术等。而社会思想除一些学术思想或成一家之言的学派观点之外，其思想的最高抽象和凝练便是哲学思维。

另一方面，隐性文化是人的本质力量的内在化，体现在心理潜意识和符号上。第一，人类社会实践和意识活动中长期孕育出的思维方式、价值观念、审美情趣及由心理动机产生的行为模式均属于心理文化层的范畴。第二，符号包括言语符号中的声音言语、文字言语、图形言语和非言语符号中的情态言语、体态言语，既为人类文化的传承提供了载体，又是人类文化的重要组成部分。特别是汉字作为文字言语同中华传统文化有着极为密切的关系，它既是中国文化的重要文化事项之一，又是中华文化中其他文化项的载体。通过对中华优秀传统文化显性和隐形内涵的范畴界定，便能在既定的文化圆周中甄别文化自信建设的营养成分，清除源头的污染物，从而保证汇入文化自信的中华传统文化的优秀纯洁。

第二节　面对传统文化现代化危机，树立传统文化塑造性意识

传统文化是文化自信的"活水"还是"死水"？这类问题，是大而无当的假问题，真正该探讨的问题应该是传统文化的某一部分是否、以何方式、在多大程度上影响、制约着人们今天的生命活动？人们应该怎样去塑造新的传统？为此，本节将所探讨的文化定位于中华优秀传统文化，在这样的大前提下回答传统文化是文化自信的"活水"还是"死水"的问题就显得有话可说、有理可持。

"活水"既有流淌之势，又有动态之感。从中华优秀传统文化的"活水"

由"过去"经由"现在"流向"未来"的历程中，不仅能看到文化基因的悠久沉淀，更能体会到传统文化血脉如水般难以割断。费孝通先生认为，文化自信指的是生活在一定文化历史圈子的人对其自身文化的自我觉醒、自我反省和自我创建，对文化的发展历程和未来有充分的认识。因此，当传统文化遇见现代文化自信时，不同支流的活水是泾渭分明还是兼容并蓄？这个问题在中华优秀传统文化与文化自信的融汇中难以避免，面对传统与现代的张力，两种不同的表现形式让传统文化存在着"活水"变成"死水"的危机。

一、破除投鞭断流式全盘否定，寻找自身传统的自信曙光

"全盘西化论"与"彻底重建论"否定传统文化的合理性，中华优秀传统文化的"活水"经过几千年的流淌进入了现代化的大门。在现代化的进程中，一些学者倡导"冲击－反应"论，认为以儒学为核心的中华优秀传统文化是一个内部缺乏活力的惰性体系。它长期停滞不前，只有在西方文化的冲击下，才被迫做出反应，被迫向近代转变。这一观点虽肯定了近代西方文明对中国近代化进程的历史推动作用，但也具有一定的片面性，它仅看到传统文化在这一进程中的消极阻碍性，单方面认定传统文化是中国近现代发展中的阻碍，在片面性思想的发酵下易产生"全盘西化论""彻底重建论"等投鞭断流式的对中华传统文化全盘否定的倾向。"全盘西化论"认为西方皆优、自身皆劣，对传统文化怨天尤人、满腹牢骚，在妄自菲薄中丧失了民族自豪感和文化自信心。"彻底重建论"则认为必须对中华传统文化进行全力的动摇、震荡，使之彻底解体、尽速消亡，倡导想要建设中国新文化，必须进行彻底的反传统、断裂传统，以反传统来继承传统，甚至宣传反传统是"永远不悔的旗帜"。

无论是"全盘西化论"还是"彻底重建论"都是对自身文化的不自知、

不认同、不自信。"人贵有自知之明",民族也是一样,唯有客观把握自己的缺点,才能舍旧取新、大步前进,唯有了解自己的优良传统,才能保持高度的文化自信。优良传统中的家国天下的经世理想、穷变通久的变易哲学、民贵君轻的民本意识、自强不息的进取态度都是连接中华优秀传统文化与文化自信建设的纽带。这些传统文化内在的活力因素必然唤醒文化的自信。把握自己的文化、认识传统文化本身内在的活力因素,是中华优秀传统文化在面对历史和时代的阻碍时,冲破窒息的束缚、寻觅传统现代化发展的曙光、建设文化自信的希望所在。

二、拒绝泥沙俱下式全盘接受,恢复文化传统的自信信念

泛化优秀,全盘接纳。对中华传统文化不加辨识,夸大传统文化内部的优秀成分,以偏概全,只看到其丰富的精神内涵,忽视其中的荒杂内容。将中华优秀传统文化泛化为中华传统文化的文化保守主义者倡导复兴儒学,认为中国社会出路的解决在于文化出路的解决,而文化出路的根本解决在于儒学的复兴。但是作为中华传统文化核心的儒学思想本身并非尽善尽美,更不是包治百病的良方。从儒家思想本身的优劣不齐来看,如果完全恢复儒学的地位,充分恢复传统文化在中国的统治地位并指导中国的文化建设,无疑会给文化自信本身带来不自信。若中华传统文化是文化自信的优良补给,必然会因源头的不纯洁而污染文化的自信,从而降低文化自信的活力,动摇文化自信的信念。

把握"传统"与"文化传统",澄清全盘接受的误区。从传统角度看,"传统"本质首先是"传",它应该是动态的、富有生命力的东西,因此具有"传下去"的合理性和必然性。正如黑格尔所说:"凡是现实的都是合理的。"这里的"理"也昭示着一种文化传统,即符合社会规范之理。合理的文化是时代选择的结果,是文化内在机制调节的结果。在历史演变的大叙

事下，中华优秀传统文化是时代"合理性"积聚的结晶。从文化传统角度看，所谓文化传统，就是受特定文化类型中价值系统的影响。经过长期历史积淀而逐渐形成的、为全民族大多数人所认同的思想和行为方式上的难以移易的心理和行为习惯。当文化传统这种事实判断的范畴与民族文化的"基本精神""民族精神"相结合时，在价值指向上，就有优秀与否之分。因此，只有优秀的传统文化才能指引文化传承的现代性路径，才能是文化自信最深厚的文化基因。

第三节 四维度建构传承网络，
三立足夯实传承基石

对于党史研究来说，研究党史的根本方法是全面的历史的方法并将其称之为"古今中外法"，即弄清楚所研究问题发生的一定时空，把问题当作一定历史条件下的历史过程去研究。对于文化研究来说，"古今"就是从时间角度把文化及其传统看作是历史地发展着的；"中外"就从空间角度正确处理民族文化和外来文化的关系。

因此，对中华优秀传统文化，要在讴歌中探索、在自豪中反思、在固守中并蓄、在传承中创新。要树立四个维度：古、今、中、外；坚守三个立足点：建筑、活动、精神。只有这样的传承拓展，才是丰富中华文化、建设文化自信的王道。但是百年实践探索中仍存在建筑单一趋同化、教育机械形式化、精神空洞亵渎化的趋向。毫无疑问，没有中华传统建筑就没有中华文化固化，没有生产教育宣传就没有中华文化活化，没有传统敬畏精神就没有中华文化神化。

一、四个维度构建，古今中外贯穿

（一）探古寻根，清澈源头

讲清中华优秀传统文化的价值理念、深邃内涵、鲜明精神，探清中华优秀传统文化的历史渊源、发展脉络、基本走向，在探古寻根中增强文化自信。

横向领会中华优秀传统文化内涵，在浩瀚广博中树立自信。中华优秀传统文化实质上是民族精神的具体表现。从中华文化基本精神的主体内容方能领会传统文化的丰富内涵。"天地与我并生，而万物与我为一"的精神境界，"人事为本，天道为末"的人本意识，"苟利国家生死以，岂因祸福避趋之"的报国情怀，"富贵不能淫，贫贱不能移，威武不能屈"的浩然正气，等等，都体现了中华民族的优秀传统文化和民族精神，都是不应该忘却的"本来"和"初心"。中华民族要扩宽传统文化的圆周，在更广阔的天地感悟文化的广博，坐井观天、一叶障目只会滋长自负的情感，唯有眼界开、认识深、站得高，方知宇宙之大、人之渺小，从而端正对中华优秀传统文化的态度，树立文化自信的信心。

纵向探寻中华优秀传统文化根源，在历史流动中沉淀自信。列宁说过："只有确切地了解人类全部发展过程中所创造的文化，只有对这种文化加以改造，才能建设无产阶级的文化。没有这样的认识，我们就不能完成这项任务。"我国现今建设文化自信，必须对中华传统文化的历史进行科学地考察和分析，从而对传统文化史作出科学总结，端正对传统文化的看法。从上古时期至西汉时期，中华文化独立流淌，滋润华夏一方土地。两汉佛教的输入，与中国固有的传统思想既相互对峙又相互影响。在彼此融汇的过程中，中国佛教已经接受中国本土思想的熏陶而凝铸在中华传统文化之中。

明代后期，因传教士来华带来了西方的自然科学知识，西学东渐的风气下，简单模仿并不能解除民族的危机。马克思主义在中国的传播，使中华文化的发展进入了一个新的阶段。在文化史探究中及中华文化从古至今的纵向流动中，中华优秀传统文化的创造性、延续性、兼容性的特点让它焕发出持久的活力，凝结着历史的精华，它并不是博物馆里的陈列品，而是有着活的生命。历史探究，让人们认清现实发生的合理性和存在的必然性，即使局部存在着中华优秀传统文化与文化自信的碰撞，依旧会信心满满地进行先进文化建设。

（二）守望今朝，坚守活水

重视传播手段，加快传统文化现代化。大多数人都感到时代变了，特别是当人们把自己和父母的生活相对比的时候，这种感觉便是对近代文化变迁最切身的感受。文化变迁并不仅出现在文化中，在整个人类历史上，随着人们需要的变化，传统行为不断地被取代或被改变。中华传统文化在几千年的文化变迁中传承至今，眼下的中华优秀传统文化仍然面临着变迁，面临着现代化的问题。自身文化可以通过创造性转化、创新性发展实现文化自立、自强。优秀文化只有借助传播手段才能让国人接受、让世人尊重。文化传播不仅在传播方式上存在着"地理文化中心论"，即以一个地理文化为中心（如埃及），随后在其他各民族与其接触中，传播扩散到世界各地，还存在着"平行传播论"，即认为世界上存在着一道传播着几个不同的文化复合体，而且在传播内容上也形式多样，不管是打上文化烙印的实体还是无形思想的传播都属于传播的对象。

传播社会主义核心价值观须立足中华优秀传统文化。因为优秀传统文化是中华民族的精神命脉，是涵养社会主义核心价值观的重要源泉，也是我国在世界文化激荡中站稳脚跟的坚实根基。成体系的社会主义核心价值观有其固有的根本。抛弃传统、丢掉根本，就等于割断了自己的精神命脉。新时代提出的社会主义核心价值观，把涉及国家、社会、公民的价值要求融为一体，既体现了社会主义本质要求、继承了中华优秀传统文化，又吸收了世界文明的有益成果、再现了时代精神。社会主义核心价值观传承着中华优秀传统文化的基因，寄托着近代以来中国人民上下求索、历经千辛万苦找寻的理想和信念。因此，要在全社会广泛传播社会主义核心价值观，积极吸取中华优秀传统文化中与时俱进的新内容，不断补充价值观的建设，让社会主义文化更加自信，让中华民族更加自信、自立、自强。

（三）立足中华，捍卫清流

清理失衡环境，捍卫文化自信。文化是民族进步的灵魂，文化软实力是国家精神的纽带。当今中国倡导文化自信的第一步便是肃清文化生态环境。"文化生态环境"是指由构成文化系统的各种内在、外在要素及其相互作用所形成的生态关系。中华文化发展的堪忧现状表现为文化生态的失衡——民族传统文化常常被误解，高雅文化、精英文化市场日渐萎缩，娱乐文化大行其道。培育良好的文化生态环境最有效的措施是政府发挥激浊扬清的作用，肃清文化生态环境，为文化自信保驾护航。

首先，组织领导统帅传统文化传承路径。各级党委和政府要从坚定文化自信、坚持和发展中国特色社会主义、实现中华民族伟大复兴的高度，切实把中华优秀传统文化传承发展工作摆上重要日程。要高度重视中华优秀传统文化的传承发展，始终从中华民族精神追求的深度看待优秀传统文化，从国家战略资源的高度继承优秀传统文化，从推动中华民族现代化进程的角度创新发展优秀传统文化，使之成为实现"两个一百年"奋斗目标和中华民族伟大复兴中国梦的根本力量。

其次，政策保障捍卫传统文化传承路径。加强中华优秀传统文化传承发展相关扶持政策的制定与实施，注重政策措施的系统性协同性操作性。加大中央和地方各级财政投入力度，支持中华优秀传统文化传承发展重点项目建设，制定文物保护和非物质文化遗产保护专项规划，等等，这些都是传统文化发展必不可少的政策性路径。

最后，文化法治环境护航传统文化传承路径。文化自信离不开传统传承、现代规划的引导，更离不开文化法律建设的推动和保障。立法的宗旨是为了加强公共文化服务体系建设，弘扬社会主义核心价值观，增强文化自信，提高全民素质，营造健康文化法治环境。法治环境建设要做好三个方面的工作。第一，立法保障。逐步建立中国特色社会主义文化法律体系，制定一系列与之配套的制度与机制，为文化市场、文艺创作、遗产保护、文化安全提供重要保障。第二，执法监督。提高文化系统的依法行政能力，满足人民的文化权益，加大文化执法行为的监督，对涉及传承弘扬中华优秀传统文化的相关法律法规的施行力度进行重点监督检查。第三，法治宣传。在全社会营造守法光荣、违法可耻的氛围。增强全社会依法传承发展中华优秀传统文化的自觉意识，形成礼敬守护和传承发展中华优秀传统文化的良好法治环境。

（四）放眼国外，百川汇海

马克思说："过去那种地方的和民族的自给自足和闭关自守状态，被各民族各方面的互相往来和各方面的互相依赖所代替了。物质的生产是如此，精神的生产也是如此。各民族的精神产品成了公共的财产。民族的片面性和局限性日益成为不可能，于是由许多民族的和地方的文学形成了一种世界的文学。"开放世界的八面来风驱散了曾经笼罩在民族心头的封闭阴云。人类各民族相互交流的深度和广度都在不断拓展。在这样的时代大潮中，中华优秀传统文化将以怎样的姿态参与世界文化的合作、交流呢？张岱年认为，一个民族的文化只有遇到更先进的文化，在冲突与融合中才能更新发展。相比其他国家的文化开放程度，中华文化的适应能力是比较弱的，在中国地理环境、经济方式和制度传统的影响下，产生了强烈的文化优越感和自我中心的文化心态。在文化自负心理的发酵下，这种自我本位，认为华夏文明高明而精微，外来文化低劣而粗浅。近代的落后挨打，让一部分国人改变了这一看法，但时至今日，仍然存在着对中西文化融合道路的分歧。就文化本身而言，中西文化无优劣之分，即使评判高低，中华文化悠久的历史、渊源的内容也更胜一筹。之所以在传统文化与世界文化交流适应中表现出弱势和消极之感，这并不是文化本身造成的，而是取决于文化背后的经济因素，其中最关键的便是科学技术的作用。

（五）科技助跑，自信交往

科技创新推动的首次工业革命，诞生了大工业，孕育了现代市场。马克思曾说："资产阶级除非对生产工具，从而对生产关系，从而对全部社会关系不断地进行革命，否则就不能生存下去。""资产阶级，由于一切生产工具的迅速改进，由于交通的极其便利，把一切民族甚至最野蛮的民族都卷进文明中来了。"在发达国家和落后国家的文明冲突中，落后国家必然会主动或被动地学习先进国家的科技成果，甚至产生崇尚西方文明、贬低自身传统的不自信思想。因此，中西文化应秉承平等交流的理念，强化自身的开放性和适应性。中国不仅需要持有平等观念、全球观念等现代意识，而且需要发展科学技术，赶上西方科技的步伐，用硬实力支持软实力的建设，在中西文化交流中彰显自信的民族文化。

二、立足回归文化初心：建筑固化、活动活化、精神神化

（一）建筑：固化文化，积淀自信

建筑是凝固的艺术，是固化的文化。建筑的本质是为了栖息，但是人们在生产过程中会不经意留下自己文化的影子。中国古代建筑从有据可依的西安半坡圆形和大方形住房，就一直同自身文化观念和与之相适应的审美趣味相联系。中国建筑的根本特色是由中华文化的特点决定的，建筑提倡"透风漏日"，从门窗到亭台廊榭的设计均得自然之动景、感宇宙之情韵，体现了中华文化气化流动、衍生万物的宇宙观。宫殿建筑的阳刚和园林建筑的阴柔生动凝练了儒家的阳刚和道家的阴柔之美。建筑的最高境界"和"是艺术家将中华文化"和"的基本精神运用到固态艺术上的体现。

秉承保护方针，建设城镇文化。建筑文化遗产的价值，根本在于它能见证历史，即它的历史价值。我国保护传承文化遗产秉承着"坚持保护为主、抢救第一、合理利用、加强管理"的方针，积极做好文物保护工作，加快新型城镇化进程。因此，我国要坚守传统文化遗产保护原则，加强传统文化建筑群的保护，建立历史文化名城、名镇、名村等特色文化传承区域，进行集中重点完善，发展文化特色区域旅游产业。目前，城镇化发展的蓝图依旧在更加清晰和细致地描绘，城镇化"望得见山、看得见水、记得住乡愁"的美好愿景也有很大推进。但是，城镇化高楼大厦平地起的光鲜外表下，人们在眼花缭乱中总是感到冰冷与陌生。工业文明标准化的追求，容易导致城市建筑的千篇一律、千城一面，城市发展中个性的缺失、文化的缺失让人们失去了熟悉的味道。"钢铁＋混凝土＋玻璃幕墙"的冰冷让建筑急需注入灵魂、急需传统文化的支持。文化是一座城的灵魂，只有

文化的浸润，城市建筑才能彰显其魅力。因此，城镇建筑的建设必须与传统文化相结合，将文化元素、文化脉络融入建筑之中，搞好城镇文化生态，使建筑有灵魂、使城市有传统、使文化有自信。

（二）活动：活化文化，激发自信

传统是社会的一种生存机制和创造机制。借助传统，历史才得以延续，社会的精神成就和物质成就才得以保存和发展。正因为如此，文化传统并非仅停滞于博物馆的陈列品和图书馆的线装书之间，它还活跃在今人和未来人的实践中。

首先，文艺创作实践活跃传统文化传承。要善于从中华文化资源宝库中提炼题材、获取灵感、汲取养分，把中华优秀传统文化的有益思想、艺术价值与时代特点和要求相结合，运用丰富多样的艺术形式进行当代表达，推出一大批底蕴深厚、涵育人心的优秀文艺作品。只有自觉投身人民生产生活的伟大实践中，才能从最真实的人民生活出发，发现人民喜怒哀乐，创作出持续满足人民精神文化需求的良作；传统与现代结合的文艺作品才是不失本来又能开拓未来的精品，才能成为宣传文化自信的号角。

其次，教育、宣传实践搞活传统文化传承。第一，国民教育贯穿始终。围绕立德树人的根本任务，将中华优秀传统文化在广度上融入思想道德教育、文化知识教育、艺术体育教育各个环节，在深度上贯穿启蒙教育、基础教育、职业教育、高等教育各个领域。第二，宣传教育全面覆盖。综合运用报纸、书刊、电台、电视台、互联网站等各类载体，融通多媒体资源，统筹宣传、文化、文物等各方力量，创新表达方式，大力彰显中华文化魅力。在家庭教育中广泛开展文明家庭创建活动，挖掘家训、家书文化，为青少年营造良好家庭文化氛围。在社会引导中重视承接符合传统习俗、现代文明要求的社会礼仪，形成言行恰当、举止得体、礼让宽容的社会风尚。在国家战略上加大对国家重要礼仪的教育宣传力度，彰显中华传统礼仪文化的时代价值，树立"文化大国"、礼仪之邦的自信形象。

最后，生产生活实践激活传统文化传承。一方面，用中华优秀传统文化的精髓涵养企业精神、培育现代企业文化。静态企业文化管理中要重点组织企业文化的培育和养成，包括组织内在精神的提升及展示、组织规章制度的制定和明示、组织文化设施的建设和维护、组织经营文化的设计与传播。动态企业文化管理中要重点组织文化的传播和弘扬，包括开展技术技能型文化活动增加工人劳动技能、开展生活福利型文化活动增加工人劳动保障、开展文体娱乐型文化活动增添工人劳动乐趣、开展制度创新型文化活动保障工人劳动公平。另一方面，深入发展传统体育，抢救传统体育项目，把传统体育项目纳入全民健身工程。培养体育健身意识，形成个人健康头脑；组织体育制度建设，完善体育竞赛、运动的法律法规；培养体育行为习惯，形成持久、有序、渐进的健康行为。在个人中营造健康体魄生态，在社会中形成健身文化理念，从而丰富文化自信的内容，彰显更广泛的文化自信。

（三）精神：神化文化，敬畏自信

传统涵养对中华优秀传统文化的敬畏之心。孔子有云："君子有三畏：畏天命、畏大人、畏圣人之言。"强调敬畏自然，顺应万物本性，敬畏在人性中充分展现人性光芒的典范形象，敬畏洞悉天地之道而穷其理、敦风化俗的圣人之言。敬畏在一般意义上表达的是人们对社会生活严肃、谨慎和认真的态度，是人在面对庄严崇高事物时所产生的带有害怕、尊敬的感受，是对文化超然性的意识。对传统文化的敬畏之心是人类最可贵的自信。因为人是文化的存在方式，任何人都无法回避"我从哪里来"这一形而上的问题，都强烈渴望"安身立命"的根性回归，而这一问题在个体生命中是不能充分被说明的，只有从世代延续的人类发展历程中才能有效地回答。传统保护着人们，划定人性的圆周。基于民族传统的认同，人们才有安身的可能，才有自己的"文化身份"；基于社会生活，传统更维系着基本的社会秩序。因此，对自身民族文化传统葆有敬畏之心是文化自信最难得的初心。

自信缺失弱化文化自信底气。中华优秀传统文化当今面临的最大困境就是对传统文化本身自信的缺失。中华文明历史悠久，这种传统的厚重感让人们身居其中而不自知，历史飞快地向前更淡化了对民族传统的自觉意识。20 世纪至今的百年流变中，中华优秀传统文化并没有在自觉中得到很好的传承，不可否认，文化建设依旧是我国的短板。

文化自信首先来源于信仰，因相信而有敬畏之心。只有拥有敬畏之心，才会有"虽不能至，然心向往之"的敬仰之情，才会有摒弃糟粕、坚守底线的畏惧之情。当今的部分民众缺少对传统文化的敬畏之心，这种自信的缺失会弱化优秀传统文化作为中华民族精神血脉、文化基因的价值，甚至丧失整个民族的独特性和存在的现实性。

"雄关漫道真如铁，而今迈步从头越。"如今，文化建设的任务依然艰巨。在文化自信建设中，我国不仅要脚踏实地，将传统文化放于实践生活中，着眼于具体政策的实施、具体方案的出台，而且要仰望星空，置传统文化于浩瀚星空，心存敬畏，做到"口诵而得其教，心维而得其旨，体行而得其道"，这样才能在文化自信建设中有所为有所不为，坚守道德底线，呵护文化操守，从而坚守恒定的文化价值。

因此，中国人民要心中存敬畏，视传统为"立命"之根，在文化自信建设中敬畏尊重传统，严肃对待传统，这样才能懂得中华优秀传统文化超越时代的永恒魅力、找寻到中华优秀传统文化传承发展的明确路径，这样中国的增强文化自信建设才不会迷失方向，步伐才会更加矫健。要把文化自信融入全民族的精神气质和文化品格中，养成昂扬向上的风貌和理性平和的心态，为实现中华民族伟大复兴培根铸魂。

参考文献

［1］廖阔，侯娴雅. 文化自信视域下传统戏曲的传承与创新研究：流变、瓶颈及对策［J］. 阜阳师范大学学报（社会科学版），2022（6）：144-150.

［2］陈刚. 传承传统文化 树立文化自信［J］. 语文教学通讯，2022（36）：86-88.

［3］艾小娟. 文化自信视域下中华优秀传统文化的时代价值和传承路径［J］. 汉字文化，2022（23）：175-177.

［4］黄春燕. 文化自信视域下中国传统文化在高校的传承路径研究［J］. 枣庄学院学报，2022，39（6）：96-100.

［5］郑爽. 文化自信视域下中华民族传统文化的传承路径研究［J］. 青春岁月，2022（20）：21-23.

［6］侯思言. 文化自信视域下中华优秀传统文化传承发展研究［D］. 西安：西北大学，2021.

［7］黄娟娟. "文化自信"背景下传统工艺美术的传承与发展研究［J］. 今古文创，2022（35）：81-83.

［8］崔恩慧. 文化自信视域下中华优秀传统文化的传承与发展［J］. 汉字文化，2022（16）：59-61.

［9］赵思佳. 文化自信视角下传承优秀传统文化的困境与措施［J］. 公关世界，2022（16）：159-161.

［10］王睿. 文化自信视域下中华优秀传统文化的价值意蕴与传承进路［J］.

汉字文化，2022（12）：168-170.

[11] 张天燕. 文化自信视域下中华优秀传统文化传承发展研究［J］. 黄河. 黄土. 黄种人，2022（11）：3-5.

[12] 程尤秀. 文化自信视域下中华优秀传统文化的当代价值及传承策略［J］. 汉字文化，2021（24）：160-161.

[13] 王巧，韩冰. 传统文化视域下大学生文化自信提升研究［J］. 辽宁教育行政学院学报，2021，38（6）：75-78.

[14] 舒婉. 探析文化自信视角下中国传统文化的传承——以宣纸文化为例［J］. 汉字文化，2021（20）：167-168.

[15] 李翠翠. 文化自信视域下日本传承中华传统文化探析［J］. 文化学刊，2021（10）：217-220.

[16] 白云翔. 传承中华传统美德与坚定文化自信［J］. 山东社会科学，2021（9）：182-187.

[17] 刘恋. 传承中华优秀传统文化进一步增强文化自信［J］. 怀化学院学报，2021，40（4）：34-37.

[18] 高雨乔. 文化自信视阈下青少年传统文化传承的湖南模式探析［J］. 艺海，2021（8）：126-128.

[19] 闫淑. 中国现代性文化自信培育研究［J］. 文化创新比较研究，2021，5（20）：35-38.